全国职业教育"十三五"规划教材·轨道交通系列

全国行业紧缺人才、关键岗位从业人员培训推荐教材

U0688045

铁路 CTC 实训教程

主　编	郝　茜　　沈农华　　付　童
副主编	李晨阳　　李汉伟
参　编	于　玥　　王　欢　　张本蒙
	姜苏桓　　王军军　　陈曦雯

北京交通大学出版社

·北京·

内容简介

本书是湖南高铁时代数字化科技有限公司分散自律调度集中教学实训系统的专用配套实训指导教材，也是铁道交通运营管理专业校企合作系列教材之一。本书针对高技能型人才培养的特点，以铁路 CTC 操作为主线，系统介绍分散自律调度集中系统的相关知识。

本书共分三个项目，分别为车务终端系统、助理调度系统、行车调度台系统。本书内容丰富，图文并茂，精练实用，适合作为职业院校铁道交通运营管理专业的实训教材。

图书在版编目（CIP）数据

铁路 CTC 实训教程 / 郝茜，沈农华，付童主编. —北京：北京交通大学出版社，2019.4

ISBN 978 - 7 - 5121 - 3694 - 6

I. ①铁⋯ II. ①郝⋯ ②沈⋯ ③付⋯ III. ①列车调度 - 控制系统 - 教材 IV. ①U284.59

中国版本图书馆 CIP 数据核字（2018）第 187374 号

铁路 CTC 实训教程

TIELU CTC SHIXUN JIAOCHENG

策划编辑：刘 辉 责任编辑：刘 辉

出版发行：北京交通大学出版社 电话：010 - 51686414 http://www.bjtup.com.cn

地 址：北京市海淀区高梁桥斜街 44 号 邮编：100044

印 刷 者：北京时代华都印刷有限公司

经 销：全国新华书店

开 本：185 mm×260 mm 印张：10.5 字数：239 千字

版 次：2019 年 4 月第 1 版 2019 年 4 月第 1 次印刷

书 号：ISBN 978 - 7 - 5121 - 3694 - 6 / U·356

印 数：1～1 500 册 定价：33.00 元

前　　言

为适应企业对人才的需求，我国职业院校倡导"项目导向、任务驱动"的教育理念，在教、学、做一体化的教学模式下，学生在课程学习中体会岗位要求，理解岗位所需知识和技能。本书根据铁路运输专业教学指导委员会新修订的《铁路交通运营管理专业课程设置和教学改革》的要求进行编写。

本书是在充分调研的基础上，结合实训设备说明书，以及职业院校学生的认知能力来进行编写的，内容主要包括车务终端系统、助理调度系统、行车调度台系统。

在本书的编写过程中，我们充分考虑了铁路六次大提速在行车组织上的变化，纳入了与行车调度相关的最新标准和要求，力求把与铁路行车作业相关的最新、最全面的知识呈现给读者，体现职业教育"以能力培养为主导，以技能训练为主线"的特点。

本书由天津市劳动保障技师学院郝茜、天津铁道职业技术学院沈农华、天津市劳动保障技师学院付童老师担任主编，天津市劳动保障技师学院李晨阳、李汉伟担任副主编，参加编写的人员还有天津市劳动保障技师学院于玥、王欢、张本蒙、姜苏桓、王军军、陈曦雯。

本书部分内容参考了湖南高铁时代数字化科技有限公司分散自律调度集中教学实训系统产品说明书。

在本书的编写过程中，我们得到了天津铁道职业技术学院、中国铁路北京局集团有限公司南仓站，中国铁路北京局集团有限公司天津车务段、中国铁路北京局集团有限公司天津站等部门的大力支持，在此表示衷心的感谢。

由于编者水平有限，书中难免有疏漏之处，恳请广大读者批评指正。

编者
2019 年 2 月

目　录

目 录

项目一

车务终端系统

【项目描述】

本项目主要介绍车务终端系统，具体包括调度集中系统概况、车务终端系统的界面、车务终端系统登录与交接班、控制模式操作、站场界面的操作、进路序列管理、签收调度命令、行车日志的操作、用户管理等知识。

【学习目标】

1. 了解调度集中系统的概念、发展状况及分散自律调度集中系统的特点。
2. 熟悉交接班的原则及注意事项。

【能力目标】

1. 掌握站场界面的基本操作并能将其与铁路实际工作相联系。
2. 掌握列车进路序列操作知识。

【德育目标】

1. 明确岗位职责，增强工作责任心。
2. 产生学习兴趣，增强学习主动性。

任务一　调度集中系统概况

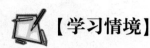

【学习情境】

在实训室内进行理论教学，同时利用沙盘、多媒体手段进行辅助教学。

【任务描述】

（1）了解调度集中系统的概念及主要功能。
（2）了解调度集中系统国内外发展状况。
（3）掌握分散自律调度集中系统的特点。

【知识准备】

一、调度集中的基本概念

1925 年，美国铁道学会采用铁路区段按信号显示行车的理念，并将这种理念定名为调度集中。将信号和监控列车运行结合起来，在控制中心指挥列车运行是调度集中理念的主要特点。1950 年美国州际商务委员会将这个名词更名为调度集中系统。

调度集中（centralized traffic control，CTC），亦称列车集中控制，是控制中心（调度员）对某一调度区段的信号设备进行集中控制，对列车运行进行直接指挥、管理的技术理念及装备。

调度集中的主要功能是集中控制列车进路，其直接效果是实现了行车管理的自动化和遥控化。调度员在控制中心可以直接掌握所辖区段的列车运行情况，以此确定列车的行动，并利用相关技术手段通过传输网络控制所辖区段内各个车站的接发车进路，从而实现向列车传达指令。

调度集中系统建立在列车调度指挥系统基础上，由中国铁路各局集团有限公司（以下简称铁路局）、车站两级组成。调度集中系统不仅要完成列车调度指挥系统的全部功效，还要满足列车编组信息管理、调车作业管理、综合维修管理、列/调车进路人工和计划自动选排、分散自律控制等相关功能。

二、国外调度集中系统的发展

调度集中系统，自第一次在美国铁路上应用以来，走过了漫长的发展历程，先后经历了继电器、电子管、晶体管、集成电路、大规模集成电路时代。

1927 年 7 月 25 日在美国纽约中央铁路，斯坦利至伯威克间，59.5 km 单线和 5.3 km 复线上，安装了第一套调度集中系统。这套系统是使用 1 根导线控制远方的道岔信号机，按共用 1 根回线的方式设计，因此其被称为单导线制式调度集中系统。因为耗铜量大，此系统未能得到很好的发展。随着载波传输和电码化技术的进步及铁路运量急剧增长，调度集中系统得到了迅速的发展，截至 1939 年美国铁路累计在 3 298.5 km 的线路上安装了调度集中系统。20 世纪 30 年代法国、苏联、瑞典和瑞士等其他国家相继使用了调度集中系统。

20 世纪 50 年代以前，世界各国大多采用步进制，此法是利用时间分隔法来解决大量的外线问题。随着电子技术的发展，20 世纪 50 年代后期各国铁路的调度集中系统，逐渐开始应用电子器件，由直流电码制转向频率电码制，电码传输速率由 100 ~ 200 bps 提高到 1 200 ~ 2 400 bps。1958 年日本结合新干线的需要，研制了传送高速电码的调度集中系统。

20 世纪 60 年代后期，随着小型计算机的发展，调度集中系统的功能和系统控制范围得到了进一步的扩大，增加了自动控制列车进路、列车交会预测，以及行车数据处理、显示和打印等功能。

20 世纪 70 年代末至 20 世纪 80 年代初，随着大规模集成电路技术的发展和微型计算机的推广应用，出现了以微型计算机取代继电式信号设备的发展趋势。各国相继研制出计算机化的调度集中系统，计算机化的调度集中系统将监视、控制、数据统计和报表处理、运行图调整等功能融合到一起。

国外调度集中系统主要取得了以下效果。

（1）提高运输效率，改善行车方法。采用电话行车指挥时，调度员的大部分时间都用来进行电话联系和记录列车运行点情况，工作负担很重。调度集中系统使得调度员能够及时了解整个区段内列车的运行情况和设备状态，有更多的时间来思考、调整和优化列车运行调整计划。利用列车运行调整计划自动控制列车的运行，可以大大缩短调度员指挥命令的执行时间，提高了运输效率，增加了区间通过能力，同时明显地减轻了行车指挥人员的劳动强度。

（2）减员增效，降低成本。由于控制中心集中遥控办理进路，并且可以及时地表示列车的运行情况，因而车站人员能够从办理行车的业务中解放出来。随着行车组织方式的改进及进路控制的智能化和自动化，各车站行车人员需求减少，劳动生产率显著提高。通过将售检票业务外包、采用自动化设备及货物集中装卸等办法，车站完全无人化也是可以实现的。

（3）便于灵活处理重大事件。由于列车运行情况能够实时表示，因此，当事故发生时，可以迅速、妥善地处理，从而在整体上增加了安全性。即使运行图被打乱，也能迅速、准确地恢复正常的运行秩序。

国外铁路公司以集中调度为主，大多采用中央控制方式，一般设一级调度机构。控制中心能够根据列车运行图、营销计划和各编组站的车流、空车分布状态，制定调度日班计划，落实营销计划，组织按图行车。例如美国的伯灵顿北方圣特菲铁路公司，该公司 5.2 万 km 的铁路只设置了 1 个控制中心和 1 个信息中心，其调度集中系统实现了道岔、信号的远程控制和所有列车的调度指挥。

随着计算机技术、网络技术和控制技术的快速发展，以及各国高速铁路的建设，调度集中功能更加完善，自动化程度更高，系统的可靠性和可维护性也更高，因此，调度集中系统在世界各国得到了广泛的应用。

三、我国调度集中系统的发展

（一）我国调度集中系统的发展历史

1958 年我国开始仿制苏联的极性频率制调度集中系统，并于 1963 年在宝鸡—凤州间 91 km 的单线铁路上开通使用。由于线路坡度大，自动闭塞追踪发车困难等原因，该系统没有发挥预期的效果。为了进一步积累调度集中系统的运用经验，1965 年在郑州—开封间单线铁路上开通了极性频率制调度集中系统，该系统直到 1978 年修建双线时停止使用，达到了推迟双线建设、推迟投资的目的。

1958 年我国开始研制采用无接点元件构成的选控逐验式频率电码调度集中系统，并分别于 1961 年春在沈阳—铁岭间（71 km）和 1964 年冬在锦州—大虎山间（105 km）进行了试验。这个系统由于在线路环节和动作频繁的逻辑部分采用了矩磁磁芯和晶体管，输入、输出电路由继电器实现，从而提高了系统的工作速度，缩小了信号设备体积，延长了系统使用寿命，使信号设备电子化有了一个良好的开端。该系统定名为 DD – 1 型调度集中系统，于 1966 年试生产，1967 年开始安装调试，1969 在成都—燕岗间正式开通。此后，我国相继研制出 DD – 2 和 DY – 1 型调度集中系统，在全国近 1 000 km 的线路上进行了推广。这些系统还没有全部采用电子器件，因此二十世纪七十年代前我国的调度集中系统仍处于由继电方式向全电子方式过渡的阶段。

全电子式 DD – 3 型调度集中系统于 1972 年在天津—古冶间安装，供行车指挥自动化试验用，该系统于 1977 年在京广线郑州—孟庙间双线铁路上安装，但由于种种原因，其控制部分未能开通使用。

二十世纪七十年代中期至二十世纪八十年代初期，我国开始使用中规模集成电路器件和自主研制的 100 系列小型计算机进行现场试验，使用计算机自动控制列车进路和自动描绘运行图。1982 年在天津—芦台间完成了该系统的全部功能试验，包括自动监督、传送列车车次号和记录列车运行状况、人工遥控办理进路、分区下放、进路储存、自动越行、计算机控制进路等，这奠定了我国发展计算机化调度集中系统的基础。

我国从二十世纪九十年代开始引进美国的调度集中系统，并开始研制适合我国国情的调度集中系统。采用微处理技术的 D4 型调度集中系统，于 1990 年在宝成线宝鸡—凤州间试用；同期 D5 型调度集中系统在大秦线安装调试完毕，但后期由于种种原因，控制部分未能开通使用。

之后我国引进了美国微型计算机调度集中系统，该系统于 1991 年在哈密—柳园间 272.6 km 的单线区段的双线插入段开通使用，并于 1995 年 12 月改建为双线调度集中系统。

该系统在控制中心采用 2 台基本级中央计算机，使用 486 微型计算机，利用 2 台 PDP - VAX 3100 型计算机绘制运行图，调度员终端采用 386 微型计算机，在控制中心内采用了以太网。

为了探索在平原地带，双线电气化区段使用调度集中系统的优越性，在郑州—武昌间引进了美国微型计算机调度集中系统，但由于系统功能不适应我国国情和铁路路情，未能开通使用。

自中华人民共和国成立以来到 1995 年年底，我国铁路调度集中系统总体上发展缓慢。受限于当时的系统设计水平，以及配套装备不齐全和运输管理等方面的原因，二十世纪七十年代开通使用的调度集中系统，只有少量的单线铁路和车站调车作业量少的双线铁路区段继续使用。

（二）传统的调度集中系统不适用于我国铁路运输的原因

传统的调度集中系统通常由中心子系统、通信子系统和车站子系统组成，控制和运营管理采用集中模式，一切都在调度员管制下完成。通信子系统有多种构成形式，如树形、共享总线、环形、点至点互连、星形等，最常用的是环形和星形结构。传统的调度集中系统的主要功能是监视列车运行及控制列车进路。传统的调度集中系统不适用于我国铁路运输的原因如下。

1. 交放权频度过多

在大力发展高速铁路之前，我国的国情和路情是铁路客货混合运输、中低速列车共线，大多数车站办理调车作业。

由于调车作业和列车作业可能会在同一时间范围内使用相同的股道，会产生相互影响。传统的调度集中系统只负责列车的集中指挥和控制，对调车作业未采取任何技术措施。如果车站进行调车作业，就会出现中心控制权与车站控制权的下放/上交。由于交放权手续繁杂、过程麻烦，频繁的调车作业导致了频繁地下放/上交控制权等原因，运输生产管理部门使用系统的积极性不高。

我国铁路线上实施传统"遥控型"调度集中控制时，存在着无法解决的集中控制与频繁下放车站控制进行调车作业的矛盾，因此传统的调度集中系统不能满足我国铁路运输的要求，这是其难以推广应用的一个重要原因。

2. 智能化程度不高

传统的调度集中系统不但不能将调度员从烦琐的工作中解脱出来，反而将车站值班员的既有工作追加给了调度员，加大了调度员的工作强度。另外，该系统又摆脱不了对车站值班员的依赖，许多工作仍然依靠车站值班员完成，不能对运输组织进行根本变革。

3. 车次号技术问题

车次号是调度集中系统的基础信息，但传统的调度集中系统没有完全解决列车车次号自动输入、自动校核及自动跟踪的技术问题，造成车次号丢失或车次号错误，影响调度集中系统的正常使用。

4. 可靠性水平低

鉴于当时的技术水平，传统的调度集中系统技术落后，质量不高，造成故障频繁发生，再加上信号设备基础质量不高，使得系统的可用度不高。系统经常停用、调度命令频发，都增加了各级人员的工作量，因此，传统的调度集中系统没有给各级运输生产指挥部门带来明显益处，反而带来了麻烦。

5. 无线通信手段不能满足要求

不同于传统的调度员—车站值班员—司机（车长）的运输组织模式，调度集中系统是基于控制中心对列车进行集中指挥和调度管理的系统，由调度员直接对列车（司机）进行指挥与管理，因此必须保证调度员与司机之间具备良好的直接通信能力，但以往的调度集中系统在这一方面往往存在不足。

以上五点是传统的调度集中系统存在的主要问题，使得基层人员对采用调度集中系统进行列车集中指挥和调度管理没有积极性；再加上当时对人力资源调整改革、减员增效的认识不高，导致铁路运输部门对调度集中系统使用需求不大。

（三）我国铁路列车调度指挥系统

铁路列车调度指挥系统（train operation dispatching command system，TDCS）原名为铁路运输调度指挥管理信息系统（dispatching management information system，DMIS）。TDCS 是实现铁路各级运输调度对列车运行实行透明指挥、实时调整、集中控制的现代化信息系统。TDCS 由中国铁路总公司（中国国家铁路集团有限公司）调度中心 TDCS、铁路各局集团有限公司（以下简称铁路局）调度所 TDCS 及车站 TDCS 组成，是一个覆盖全路的现代化铁路运输调度指挥和控制的系统。TDCS 利用信息技术、网络技术、控制技术等现代化科学技术手段取代了传统落后的行车指挥手段，采用了先进的通信、信号、计算机网络、数据传输、多媒体技术等现代信息技术，在保证网络安全的前提下，与相关系统紧密结合、互联互通、信息共享，从而实现了铁路运输组织的科学化、现代化，增加了运能，提高了效率，减轻了调度员的劳动强度，改善了调度指挥的工作环境。

要实现铁路快速发展，以 TDCS 为平台，组建分散自律、智能化、高安全性、高可靠性的新一代调度集中系统非常必要。根据铁路建设发展的总体思路，我国铁路以 TDCS 为平台，以调度集中（CTC）为核心，构建了现代化的铁路调度指挥管理信息系统。

截至 2008 年年底，我国已经建成了覆盖 18 个铁路局、全路 70 多条繁忙干线和主要干线铁路的 6 039 个车站 TDCS，实现了列车运行阶段计划自动调整、实际运行图自动描绘、调度命令自动下达、行车日志自动生成，达到了提高运输效率、保障行车安全的目的。TDCS 的建成为进一步实施分散自律调度集中系统，达到减员增效的目的，打下了坚实的基础。除此之外，随着 TDCS 的建设，铁路沿线基本建成了信息网络，为分散自律调度集中系统的实施奠定了重要基础，并加快了建设步伐。

（四）新一代调度集中系统的诞生

历史经验证明单纯依靠引进调度集中系统不能适应我国铁路路情，必须研发新一代调度集中系统。

传统的"遥控型"调度集中系统已远远不能满足现代铁路运输的要求，按照适应生产力布局调整、加快行车组织改革的思路，研究、发展新一代分散自律调度集中系统势在必行。

分散自律的概念最初源于日本东京圈城市铁路控制系统。由于日本是地震多发国家，为了使控制中心在遭受地震袭击而瘫痪后，车站还能在一定时间内正常接发列车，日本东京圈城市铁路控制系统特别在车站设立了自律计算机，通过接收控制中心下达的运行计划，在与控制中心的通信中断后仍能自行接发列车。

我国利用分散自律来解决行车和调车相互干扰的问题，实现了在不影响列车运行的原则下，允许控制中心和车站通过调度集中系统自主进行调车的功能。在车站设立自律机，按照列车运行调整计划和《车站行车工作细则》（以下简称《站细》），完成正常接发列车及协调列车、调车作业冲突的功能，实现列车和调车作业的统一控制，这一原则叫作分散自律原则。

所谓分散自律调度集中系统，就是以分散自律控制模式为基本特征的调度集中系统。本书论述的 CTC 均指分散自律调度集中系统。该系统的实质是按照铁路运输指挥的模式，将调度员指挥列车运行的过程和车站值班员指挥、控制本站列车作业和调车作业的过程以形式化的描述纳入计算机处理，遵循的基本原则是列车作业优于调车作业，调车作业不得干扰列车作业，系统会自动判定冲突并及时给出报警。

2003 年铁路部门根据铁路运输发展的需要和科学技术的进步，同时为了提高我国铁路运输自动化水平，制定了《分散自律调度集中系统技术条件（暂行）》，其中提出了分散自律调度集中系统的技术框架和主要技术内核。分散自律调度集中系统综合了计算机技术、网络通信技术和现代控制技术，采用了智能化分散自律设计原则，以列车运行调整计划为中心，兼顾了列车作业和调车作业，是一个符合我国国情、铁路路情的高度自动化的调度指挥系统。该系统在实现列车进路自动控制的同时，将调车进路控制也纳入统一管理，解决了行车调度员与车站行车人员频繁交接控制权的问题，提高了系统的使用效率。分散自律调度集中系统是铁路信息化建设的新内容，是铁路运输组织的新模式，是铁路行车指挥现代化的重要标志，在我国具有广阔的发展前景，其推动了铁路运输调度指挥管理模式的变革。

四、分散自律调度集中系统的特点

分散自律调度集中系统是铁路现代化的重要技术装备，也是铁路信息化建设的重要内容，其具备以下特点。

1. 智能化

分散自律调度集中系统通过利用计算机技术，对实际运输生产中的调度指挥工作流程进行优化处理，将该流程转化为计算机控制程序，使运输组织指挥实现智能化、自动化，从而最大限度地减轻了调度员的工作强度。分散自律调度集中系统在 TDCS 的基础上，实现了以下功能：列车运行计划自动调整；实际运行图自动描绘；利用网络下达调度命令；根据列车运行实际来调整计划执行情况并自动向有关列车发送信息；自动记录行车日志；为统计分析提供原始数据。分散自律调度集中系统使列车调度员能够集中精力进行列车运行计划的管理和调整，确保列车按图运行。

2. 分散自律

分散自律就是基于现代计算机技术、网络技术、信息处理技术和智能化软件，实现以日班计划、列车运行调整计划为主轴和框架，将列车运行调整计划下传到各个车站自律机中自主执行；在列车运行调整计划的基础上，解决列车作业与调车作业在时间上和空间上的冲突，实现列车作业和调车作业的统一控制。分散自律调度集中系统的控制模式分为两种：分散自律控制模式和非常站控模式。分散自律控制的基本模式是用列车运行调整计划自动控制列车运行进路，同时在分散自律条件下控制中心具备人工办理列车、调车进路的功能，车站具备人工办理调车进路的功能；非常站控模式是指当调度集中设备故障、发生危及行车安全的情况或设备天窗维修、施工需要时，脱离系统控制转为车站传统人工控制的模式。分散自律控制模式下，没有中心控制权与车站控制权之分，只有指令不同来源之分，依据列车运行调整计划对来自多处的指令进行自律运算，科学合理地解决列车作业与调车作业的矛盾。

3. 适应性

与传统调度集中系统不同，分散自律调度集中系统面向我国铁路路情，不仅要完成对列车作业的集中控制，还要解决对沿线车站调车作业的集中控制。通过采用分散自律技术，在列车运行调整计划的控制下，解决以往因调车作业带来的频繁交接权问题，实现中间站调车作业的集中控制。

分散自律调度集中系统不但要适用于有人站，也要适用于无人站，即系统除了适应不同牵引动力、运行速度、运量、线路类型的区段和枢纽地区外，还要适应不办理客货运业务、调车作业量较少的车站，以实现行车岗位的无人化。依靠先进的计算机技术、网络技术和智能化技术，分散自律调度集中系统通过对现行运输过程的优化，实现调度指挥中心对列车运行的直接集中管理与调度指挥，实现以列车运行为主、沿线调车作业为辅的行车指挥自动化。

4. 可靠性

分散自律调度集中系统采用冗余系统配置和高质量的软硬件产品，使系统的可靠性达到先进水平，并通过故障弱化措施，突破以往的技术误区，提高系统的可用度。分散自律调度集中系统采用高性能、高质量、高可靠的计算机、服务器、工作站等设备，从铁路局控制中心到车站全部采用双套冗余配置方案。广域网采用了迂回、环状、冗余设计，对于新建客运专线、高速铁路又特别提供了可使用独立光纤的方案以满足更高的保障要求。对电源和通道同步提出了高性能配置和雷电防护要求，满足铁路部门颁布的电磁兼容和防雷标准。在铁路局控制中心设置网管工作站，通过网络拓扑技术及故障诊断技术，可以对网络上每一节点的状态进行实时监控。与此同时，专门设置了系统维护工作站，用于监视系统的运行状况，对铁路局控制中心工作站、车站自律机的所有操作命令、设备运用状态、故障报警信息进行分类、记录和输出。采用远程维护服务器，用于远程技术支持，在维护人员授权的情况下，可以进行异地远程修复及其他技术支持。分散自律调度集中系统明确要求具有自我诊断，运行日志保存、查询和打印等功能，并具有维护专家远程控制功能，真正实现了系统维护工作的现代化。

5. 安全性

分散自律调度集中系统的车站自律机采用智能控制技术，进行自律检查时，纳入了《铁路技术管理规程》（以下简称《技规》）、《铁路运输调度规则》（以下简称《调规》）、《铁路行车组织规则》（以下简称《行规》）和《站细》的要求，保证了系统的安全性，对违反分散自律安全条件的人工操作，系统可以进行报警、提示甚至阻止。对控制信息通过合法性、时效性、完整性和无冲突性的检查来保证命令的安全。车站自律机采用故障—安全理念进行设计，保证在系统故障状态下不会造成错误输出，从而不会导致联锁设备错误解锁或错误关闭信号。由于分散自律调度集中系统是建立在网络技术上的涉及行车安全的系统，该系统的信息安全和网络安全都非常重要，须采用信息加密技术确保重要信息的传输安全，避免恶意伪造和篡改控制信息。

6. 标准化

分散自律调度集中系统充分体现了统一标准的原则。我国铁路信号发展的经验说明，技术装备标准越规范、制式越统一、技术越成熟，技术发展就越顺利。分散自律调度集中系统从技术规范到系统成型都充分体现了标准统一、制式统一、功能统一的原则。分散自律调度集中系统的标准统一主要包括系统基本功能统一、网络结构统一、用户协议统一、系统软硬件平台统一、无线通信接口统一等，还包括面向车务人员操作的人机界面风格的规范统一等方面。

7. 可扩展性

铁路每年都有不同规模的大修、新建工程，调度集中设计的范围和规模将会不断扩大，因此，分散自律调度集中系统在设计中充分考虑了今后升级、扩展的要求。由于分散自律调度集中系统大量采用了计算机技术、智能决策技术、控制技术、网络技术及数据传输技术等，这些技术现在也处于高速发展期，会不断地更新换代，因此分散自律调度集中系统要按照国际标准规范进行设计，预留今后进行升级和扩展的空间。

 【任务实施】

1. 组织形式

学生自主学习基础性知识，并分组讨论分散自律调度集中系统的特点。学生进行相关技能展示，教师进行评价。

2. 设备准备

开启铁道实训设备，开启 ATS 信号系统，确保沙盘信号系统正常。

3. 学习方法

（1）学习、讨论调度集中系统的相关知识，教师指导、学生讨论、组间互评。

（2）教师提出问题，各小组进行测试，要求学生快速地完成操作。

【知识拓展】

《分散自律调度集中系统技术条件（暂行）》节选

总　则

调度集中是调度中心（调度员）对某一区段内的信号设备进行集中控制、对列车运行直接指挥和管理的技术装备。分散自律调度集中系统是综合了计算机技术、网络通信技术和现代控制技术，采用智能化分散自律设计原则，以列车运行调整计划控制为中心，兼顾列车与调车作业的高度自动化的调度指挥系统。

1. 分散自律调度集中系统是铁路现代化的重要技术装备，是现代铁路综合信息化建设的重要内容，也是现代铁路的新型运输组织形式。必须与我国铁路路情紧密结合，做到以 DMIS 为平台，以调度集中为核心，以行车指挥自动化为目标，实现铁路运输指挥的现代化。

2. 分散自律调度集中系统采用计算机分布式网络控制技术、信息化处理技术，将列车运行调整计划下传到各个车站自律机中自主、自动执行；在列车运行调整计划的基础上，解决列车作业与调车作业在时间与空间上的冲突，实现列车作业和调车作业的统一控制。

3. 分散自律调度集中系统在信号设备控制与行车指挥方式上仅设有分散自律控制与非常站控两种模式。系统分散自律控制时，只有控制指令不同来源，没有中心与车站控制权的转换；非常站控为车站人工控制方式，中心不具备直接控制权，系统完好时应具备 DMIS 功能。

4. 分散自律调度集中系统适用于不同牵引动力、运行速度、运量、线路类型的区段与枢纽地区，可实现不办理客货运业务、调车作业量较小、列车进路和调车进路由调度中心远程控制的车站行车岗位无人化。

5. 本技术条件（暂行）规定了分散自律调度集中系统的基本原则、基本功能、系统构成和技术要求，可作为系统研制、工程设计的依据，运营和维修部门也应参照执行。

任务二 车务终端系统界面

【学习情境】

在实训室内进行理论与实践一体化教学，同时利用沙盘、多媒体手段进行辅助教学。

【任务描述】

掌握车务终端系统操作界面的组成及功能。

【知识准备】

一、分散自律

分散自律是分布式人工智能和自动化领域的新概念，具体到铁路调度系统，体现为车站系统与调度中心系统各自独立，自成体系，灵活组合，由高可靠性的双环网络结构连接在一起，可由调度中心系统通过给车站系统发布命令的方式统一控制，也可由车站系统根据预定的规则和计划自动产生控制命令，还可由人工发布命令进行控制。

车站系统可根据各个车站的《站细》和实际行车状况自我检查约束。

调度中心系统可远程查看车站系统各方面信息，并可远程控制车站设备操作。

车站系统可以在调度中心系统远程控制下工作，同时，即使与调度中心系统断开联系，其也可以自行保证安全。

各种控制方式，均要根据预定义的安全规则进行校核，以确保系统的动作是安全可控的。

二、用户界面

车务终端系统根据使用者的不同，显示不同的界面，针对车站值班员显示站场控制、运统报表及调车作业单管理界面；针对操作员显示站场控制和调车作业单管理界面。

所有界面均由主菜单、工具栏、主操作区、状态栏等组成，具体操作方法，请参考本书相应章节的内容，这里我们仅对界面布局及功能划分进行简单介绍。

（一）站场控制界面

站场控制界面如图 1 - 1 所示。

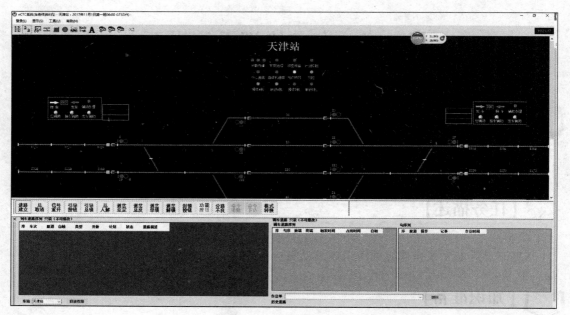

图 1 – 1　站场控制界面

　　站场控制界面主要用来进行接发列车进路操作，控制操作站场设备，并可以切换到多站画面，显示站间透明信息，查看上下行各两个站及区间的行车状况、股道占用、车次跟踪等信息。

（二）运统报表显示界面

　　运统报表显示界面如图 1 – 2 所示。

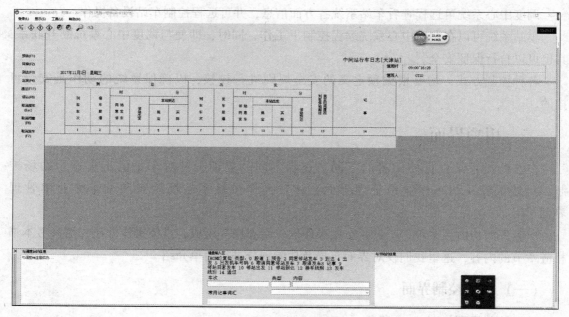

图 1 – 2　运统报表显示界面

　　运统报表显示界面主要用来进行行车日志的自动填报，接收调度命令和阶段计划信息，邻站预告，人工报点，上报列车编组及站存车信息等操作。

（三）界面间切换

　　单击 ▦ 按钮显示多站界面，单击 ⬚ 按钮显示单站界面。⬚ 按钮主要进行站场界面与运统报表界面之间的切换。

【任务实施】

1. 组织形式

学生自主学习基础性知识，并分组讨论车务终端系统界面的特点。学生进行相关技能展示，教师进行评价。

2. 设备准备

开启铁道实训设备，确保各系统正常，确保沙盘信号系统正常。

3. 学习方法

（1）学习、讨论车务终端系统界面的相关知识，教师指导、学生讨论、组间互评。

（2）教师提出问题，各小组进行测试，要求学生快速地完成操作。

【知识链接】

用心守护岗位的车站值班员值得尊敬

　　大多数人都有过坐火车的经历，当你等候在站台上，看着飞驰而来的列车缓缓进站，并在你面前停下时，你可知道，作为直接调度列车进出站的车站值班员为此付出的劳动。

　　9月26日，中国柯桥网刊登了报道——《车站值班员用心守护自己的岗位》，读后对用心守护自己岗位的车站值班员产生了深深的敬意。让我们一起去了解调度列车进出站的车站值班员付出了怎样的心血和艰辛的劳动吧。当我们来到绍兴火车站站台时，车站助理值班员杜四海正手拿红绿旗，用对讲机与列车司机对话。根据他的调度指令，列车徐徐驶离绍兴火车站站台。据了解，在绍兴火车站，像杜四海这样的值班员共有12人，他们编成4个班，每班3人，其中值班员1人，助理值班员2人。正是他们辛勤的工作，确保了列车安全进出火车站。

　　正因为车站值班员按照规章制度办事，按照接、发列车规矩办事，才确保了一趟趟列车安全通过。调度中心可谓是火车站的"心脏"。车站值班室里一片忙碌，对话声，电话声此起彼伏。车站值班员滕志平正坐在显示屏前，紧张地进行调度，他一会儿拿起对讲机，一会儿又接听电话，还要不时地在显示板上做标记。他的桌上共有6只对讲机，

3 部固定电话。趁着短暂的空隙时间，腾志平告诉笔者，调度中心的工作直接关系到列车的安全运行，现在进出和途经绍兴火车站的客货列车每天有 82 对，164 趟，前后列车到站、过站的间隔时间短，因此，常常忙得不可开交。有时候上厕所都没时间，吃饭时饭碗放上放下几次都不知道。据了解，随着列车新运行图的实施和列车速度的加快，列车在沿途火车站停靠的时间都大大缩短，一般只有几分钟，最短的只有一两分钟。要在这么短的时间里，完成上下客任务，调度员的压力可想而知。要顺利做好调度工作，除了良好的业务素质，还必须保证调度员有充沛的精力。为此，铁路部门规定，凡次日凌晨 2 时上夜班的调度员，都必须在晚上 9 时前到火车站提供的宿舍睡觉，到时有专人负责叫醒，以确保调度员睡好觉，并准时到岗。助理值班员杜四海告诉笔者，由于长期处于这样的紧张状态，有时候在家里也会突然醒来，很紧张。

车站值班员看起来是一个不起眼的工种，但在确保列车安全、指挥列车运行中是至关重要的岗位。往往一个疏忽、一句话语没有听清、一个执勤规范动作没有做好，就容易对接发列车安全造成很大的威胁，因此，车站值班员除了有过硬的业务技术、丰富的工作经验外，更要有高度的责任心，对铁路事业的无限忠诚，以及爱岗敬业、吃苦耐劳的精神和毅力。车站值班员付出了许多的辛劳，但为了列车安全，为了确保铁路大动脉的安全畅通，他们用真心、用责任坚守在平凡而又重要的工作岗位上，默默无闻地奉献着自己的一切，忠诚、奉献、团结、进取的铁路职工，有什么理由不值得我们尊重和敬佩！

任务三　车务终端系统登录与交接班

【学习情境】

在实训室内进行理论与实践一体化教学，同时利用沙盘、多媒体手段进行辅助教学。

【任务描述】

（1）掌握车务终端系统的登录、退出规定，以及交接班的相关规定。
（2）掌握车务终端系统的使用规范和流程。

【知识准备】

一、车站值班员岗位作业标准

（1）提前 30 分钟到站了解日班计划，列车运行情况，站内停留车情况，调车作业进度，货源、货位及装卸作业情况，行车设备运用情况，站内与区间施工安排及有关文电指示等。

（2）接班前十分钟召集全班人员列队点名，检查着装和人员的精神状态，主持传达日班计划、上级命令、指示及有关注意事项，做到有关情况全员了解、日班计划人人清楚，搞好班前安全预想。

（3）认真实行对号交接制度，对列车运行情况、站内停留车位置、防溜措施、各种行车备品及上级有关指示和重点注意事项要逐项交接，做到交清接明，互相签认。

（4）严格执行《接发列车作业标准》和非正常情况下作业程序及安全行车措施，按规定办理闭塞、准备进路、填写及交接行车凭证、填记行车日志等事项。

（5）调车作业时，根据列车运行预报及本站装卸等情况，正确、及时地编制和传达作业计划，要正确填写调车作业通知单，合理安排接发列车和调车作业的衔接，掌握调车进度，按规定停止接发列车进路上的调车作业，严禁"抢勾"作业。

（6）正确、及时、清楚地填写各种台账和报表。

（7）组织全班人员认真总结本班工作，找差距，查隐患，定措施，整理和登记有关台账和簿册。

二、车站值班员岗位作业流程图

车站值班员岗位作业流程图如图1-3所示。

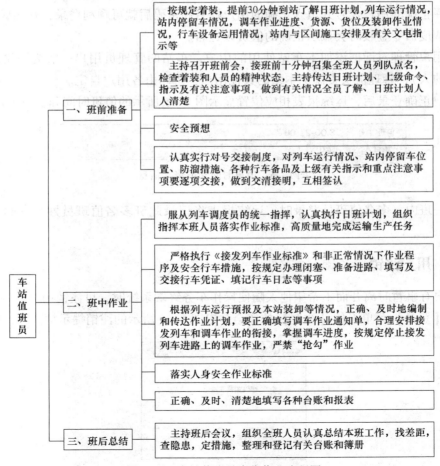

图1-3　车站值班员岗位作业流程图

三、具体操作流程

（一）用户登录

当重新启动车务终端系统或换班需重新登录时，单击【登录】菜单下的【登录】按钮，弹出图1-4所示的登录对话框。

图1-4　登录对话框

在选择正确的用户代号并填入正确的用户姓名和密码后就可顺利登录，登录成功后在运统报表和调度命令签收时会显示正确的值班人姓名。

通过用户管理对话框添加本车站使用的用户。车站的管理员用户一般为该站站长（或站长指定的人），管理员负责添加本站的其他用户，密码由各用户自定。

当用户正确登录后，运统报表相应位置显示图1-5所示的值班时间和值班人信息。

值班时间	8:00-21:00		
值班人	张小明		

图1-5　值班时间和值班人信息

在同一班内，多名值班员登录时，运统报表将记录此班多名值班员姓名（最多显示三名值班员）。

（二）用户注销

当用户有事暂时离开而不希望他人随便操作车务终端系统时，可注销用户。

单击【登录】菜单下的【注销】按钮会弹出图1-6所示的注销提示框。

图1-6　注销提示框

选择【确定】按钮后就实现了注销用户功能，运统报表相应位置显示图1－7所示的值班时间和值班人注销信息。

值班时间	8:00-21:00		
值班人	张小明（销）		

图1－7　值班时间和值班人注销信息

（三）退出

单击【登录】菜单下的【退出】按钮会弹出图1－8所示的退出密码输入对话框。

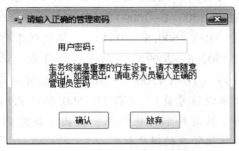

图1－8　退出密码输入对话框

输入正确密码后即可退出车务终端系统。

一旦退出应用程序，车站的CTC功能全部消失，故请车站值班员不要使用此菜单。

 【任务实施】

1. 组织形式

学生自主学习基础性知识，并分组讨论车务终端系统的登录、退出操作，了解交接班的相关规定。学生进行相关技能展示，教师进行评价。

2. 设备准备

开启铁道实训设备，确保各系统正常，确保沙盘信号系统正常。

3. 学习方法

（1）学习、讨论车务终端系统登录与交接班的知识，教师指导、学生讨论、组间互评。

（2）教师提出问题，各小组进行测试，要求学生快速地完成操作。

【知识链接】

> **接发列车作业**
>
> 接发列车作业直接关系到列车安全正点运行和运输效率。不间断地接发列车，严格按列车运行图行车，是车站的基本任务之一。铁路部门根据我国铁路不同的行车闭塞方

法、人员配备和作业方法等情况，在充分考虑正常情况下的作业方法和非正常情况下的特定措施的前提下，结合不同闭塞法、不同联锁类型和不同的劳动组织形式，制定了《接发列车作业标准》。《接发列车作业标准》是以具有重复特征的作业程序、作业方法及有关事项为对象，以科学技术和实践经验的综合为基础，以铁道行业标准的形式发布的统一规定，由作业程序与岗位作业技术要求构成。2009 年实施的《接发列车作业》包括《接发列车作业　第 1 部分　双线自动闭塞集中联锁（设信号员）》（TB/T 1500.1—2009）、《接发列车作业　第 2 部分　双线自动闭塞集中联锁（未设信号员）》（TB/T 1500.2—2009）、《接发列车作业　第 3 部分　单双线半自动闭塞集中联锁（设信号员）》（TB/T 1500.3—2009）、《接发列车作业　第 4 部分　单双线半自动闭塞集中联锁（未设信号员）》（TB/T 1500.4—2009）、《接发列车作业　第 5 部分　单双线半自动闭塞色灯电锁器联锁》（TB/T 1500.5—2009）、《接发列车作业　第 6 部分　单双线电话闭塞无联锁》（TB/T 1500.6—2009）、《接发列车作业　第 7 部分　单线自动站间闭塞集中联锁（设信号员）》（TB/T 1500.7—2009）、《接发列车作业　第 8 部分　单线自动站间闭塞集中联锁（未设信号员）》（TB/T 1500.8—2009）8 个标准。《接发列车作业》的实施，不仅完善了接发列车作业组织，提高了接发列车作业安全性和作业效率，而且促进了接发列车作业管理的现代化。

任务四　控制模式操作

 【学习情境】

在实训室内进行理论与实践一体化教学，同时利用沙盘、多媒体手段进行辅助教学。

 【任务描述】

（1）了解各控制模式的概念。
（2）掌握各控制模式间的切换方法。

 【知识准备】

一、分散自律的三种控制模式

（一）调度中心控制模式

调度中心控制模式适用于较小的中间站或无人站，信号设备控制权限划分如下。
（1）调度中心具有信号设备的全部控制权，包括列车进路序列、列车进路按钮、调车进路序列、调车进路按钮及其他功能性控制操作权。

（2）车站无直接控制权限。

（二）车站调车控制模式

车站调车控制模式下，调度中心对列车进路有操作权，对调车进路无操作权；车站对调车进路有操作权，对列车进路无操作权。信号设备控制权限划分如下。

（1）列车进路序列、列车进路按钮由调度中心控制。

（2）调车进路序列、调车进路按钮由车站控制。

（3）调度中心和车站均可控制道岔的单操、单锁、单解、单封。

（4）半自动闭塞按钮、坡道按钮、上电解锁按钮、允许改方向按钮、总取消按钮，调度中心和车站均可操作。

对于封锁操作，遵循"谁封锁，谁解锁"的原则，即调度中心封锁的设备，车站无法解锁；车站封锁的设备，调度中心无法解锁。

（三）车站控制模式

车站控制模式适用于较大型车站，信号设备控制权限划分如下。

（1）车站具有全部信号设备的控制权，包括列车进路序列、列车进路按钮、调车进路序列、调车进路按钮及其他功能性控制操作。

（2）调度中心无直接控制权限。

用户可以在以上三种控制模式间转换，但必须符合转换条件，具体转换方式，请参考本书的相关章节。

二、非常站控

在非常站控控制模式下，CTC 系统不再发出进路控制命令，所有的列车进路和调车进路由车站值班员在原有的微型计算机联锁设备或 6502 控制台上手工操作。CTC 仅用来接收调度命令和阶段计划，并显示站间透明信息等（降级为 TDCS 使用）。

三、设定控制模式

（一）非常站控模式与分散自律模式之间的切换

（1）分散自律模式→非常站控模式：无条件转换，按下联锁控制界面上的"非常站控"按钮转换。

（2）非常站控模式→分散自律模式：有条件转换，在联锁控制界面上的"允许自律控制"表示灯亮黄灯时，按下"非常站控"按钮转换。

（二）CTC 三种控制模式之间的转换

车务终端界面中"模式转换"所处位置如图 1-9 所示。

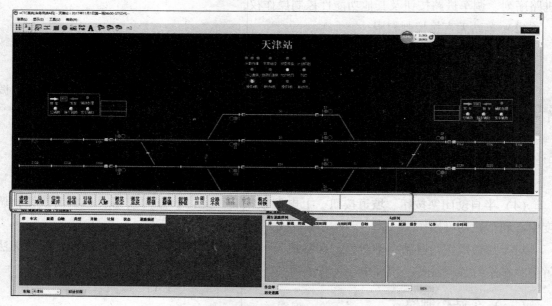

图 1-9   车务终端界面中"模式转换"所处位置

如图 1-10 所示，单击模式转换按钮，出现模式申请选项。

图 1-10   单击模式转换按钮

单击"模式申请"，出现图 1-11 所示的对话框。

图 1-11   "模式申请"对话框 1

如图 1 – 12 所示，选择需要转换的目标控制模式，单击"确定"。如果转换成功，则单站控制界面上部的相应控制模式表示灯会亮绿色。

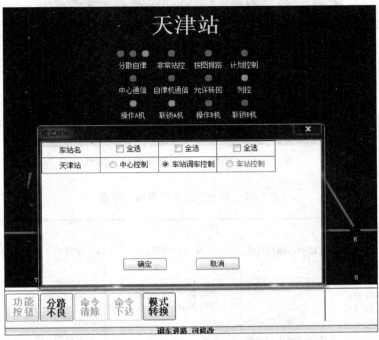

图 1 – 12　选择需要转换的目标控制模式

如果是调度中心提出模式申请，则有表 1 – 1 所示的调度中心提出模式申请关系表。

表 1 – 1　调度中心提出模式申请关系表

目的 方式 源方式	调度中心控制模式	车站控制模式	车站调车控制模式
调度中心 控制模式		需要车站同意 （车站控制表示灯绿色闪烁）	直接转换
车站控制 模式	需要车站同意 （调度中心控制 表示灯绿色闪烁）		需要车站同意 （分散自律表示灯 绿色闪烁）
车站调车 控制模式	直接转换	需要车站同意 （车站控制表示灯绿色闪烁）	

如图 1 – 13 所示，调度中心提出模式申请，如果需要车站同意的话，目的控制模式表示灯绿色闪烁。

当申请车站调车控制模式时，对应的指示灯（中间）会闪烁，提示用户进行模式转换认可的操作。

如果车站提出模式申请，则有表 1 – 2 所示的车站提出模式申请关系表。

图 1 – 13　目的控制模式表示灯绿色闪烁

表 1 – 2　车站提出模式申请关系表

目的方式　　源方式	调度中心控制模式	车站控制模式	车站调车控制模式
调度中心控制模式		需要调度中心同意、（车站控制表示灯黄色闪烁）	直接转换
车站控制模式	需要调度中心同意（调度中心控制表示灯黄色闪烁）		需要调度中心同意（分散自律表示灯黄色闪烁）
车站调车控制模式	无权申请	需要调度中心同意（车站控制表示灯黄色闪烁）	

如图 1 – 14 所示，车站提出模式申请，此时如果需要调度中心同意的话，目的控制模式表示灯黄色闪烁。

图 1 – 14　目的控制模式表示灯黄色闪烁

当调度中心提出控制模式转换申请时，站场图相应的控制模式表示灯闪烁，所申请的控制模式对应的指示灯会闪烁，提示用户进行模式转换认可的操作。"同意模式申请"选项如图 1 – 15 所示。

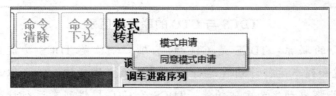

图 1 – 15　　"同意模式申请"选项

此时可以单击模式转换菜单中的"同意模式申请"选项。单击后弹出图 1 – 16 所示对话框。

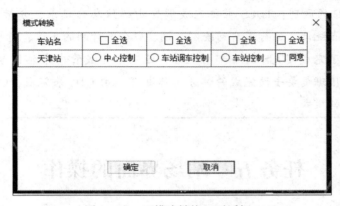

图 1 – 16　　"模式转换"对话框2

其中红色的表示当前的车站控制模式，黄色的表示申请的目的控制模式，同意就在"同意"前面打钩，单击"确定"。如果操作方式转换成功则状态表示灯就会发生切换。

【任务实施】

1. 组织形式

学生自主学习基础性知识，分组讨论分散自律的控制模式，并进行模式间的相互切换。学生进行相关技能展示，教师进行评价。

2. 设备准备

开启铁道实训设备，确保各系统正常；确保沙盘信号系统正常。

3. 学习方法

（1）学习、讨论分散集中控制模式的知识，教师指导、学生讨论、组间互评。

（2）教师提出问题，各小组进行测试，要求学生快速地完成操作。

【知识链接】

> **TDCS 与 CTC 的联系与区别**
>
> TDCS 与 CTC 的联系：TDCS 是 CTC 的基础，CTC 是 TDCS 功能的增强和延伸；TDCS 以实时监视和列车运行计划（运行图）管理为主体功能，CTC 以车站控制、自动按图排路和行车指挥自动化为主体功能；TDCS 为 CTC 提供列车运行计划、车次跟踪状态、信号设备状态等重要信息，CTC 除实现 TDCS 的全部功能外，还应实现列车编组信息管理、调车作业管理、综合维修管理、列/调车进路人工和计划自动选排、分散自律控制等功能。
>
> TDCS 与 CTC 的区别：TDCS 主要完成调度指挥信息的记录、分析、车次号校核、自动报点、正晚点统计、运行图自动绘制、调度命令及计划的下达、行车日志自动生成等功能。CTC 除了完成 TDCS 的全部功能外，还可以完成管内车站信号设备的操控功能，即原来车站值班员要手动完成的部分工作也可以由 CTC 来完成，CTC 分为集中控制和非常站控两种模式。

任务五　站场界面的操作

【学习情境】

在实训室内进行理论与实践一体化教学，同时利用沙盘、多媒体手段进行辅助教学。

【任务描述】

（1）掌握站场的相关概念，熟悉站场各界面操作。

（2）掌握车务终端系统的使用规范和流程。

【知识准备】

一、相关概念

以车站为中心，线路的上行线和下行线两侧都设有进站信号机和出站信号机，以两侧进站信号机为界，里面都属站场。到发场，旅客候车厅，调车场，咽喉区，维修区，检修区，牵出线，机车走行线等都包括在站场内。

二、操作流程

车务终端系统多站监视界面如图 1 – 17 所示。

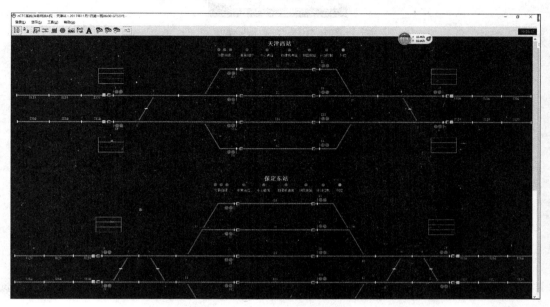

图 1 – 17　车务终端系统多站监视界面

此界面主要分为以下几部分。

（1）标题栏与菜单栏。

（2）主工具条。

（3）站场图显示。

1. 标题栏与菜单栏

标题栏与菜单栏如图 1 – 18 所示。

图 1 – 18　标题栏与菜单栏

在标题栏上显示了当前工作的车务终端是 A 机还是 B 机，以及本站站名和当前登录的值班员姓名。

界面菜单、工具条、签收栏显示方式的调整如下。

如图 1 – 19 所示，单击"显示"菜单，出现：工具栏、站场图。

如图 1 – 20 所示，单击"工具栏"，出现：标准按钮、签收栏、显示系统信息窗口、显示进路序列管理窗口。

通过"标准按钮"可选择是否显示主工具条，主工具条如图 1 – 21 所示。

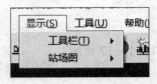

图 1 – 19   "显示"菜单

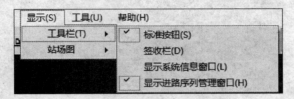

图 1 – 20   "工具栏"

图 1 – 21   主工具条

通过"签收栏"可选择是否显示调度命令、阶段计划、阶段记事签收按钮的工具条（见图 1 – 22）。

图 1 – 22   调度命令、阶段计划、阶段记事签收按钮的工具条

单击"站场图"后显示的界面如图 1 – 23 所示。

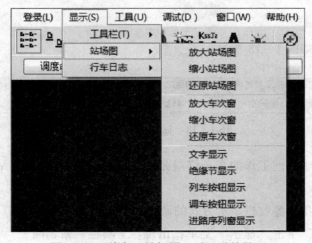

图 1 – 23   单击"站场图"后显示的界面

单击"工具"后显示的界面如图 1 – 24 所示，此界面上的功能在本书相关项目中有介绍。

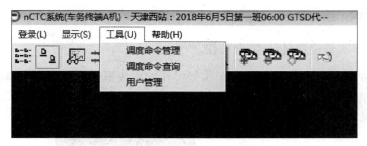

图 1 - 24   单击"工具"后显示的界面

2. 主工具条

主工具条见图 1 - 21。

（1）   为多、单站画面的切换按钮。前一个按钮为多站画面按钮，后一个为单站画面按钮。

（2）   为显示文字属性按钮。

单击该按钮后弹出图 1 - 25 所示的"显示文字属性"对话框。

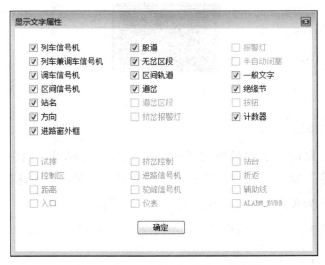

图 1 - 25   "显示文字属性"对话框

打钩的选项表示此设备的文字标注会在站场图上显示。

（3）   为绝缘节显示/隐藏按钮。

单击此按钮可以在站场图上显示或隐藏绝缘节。

（4）   为列车（通过）按钮显示/隐藏按钮。

单击此按钮可以在站场图上显示或隐藏列车（通过）按钮，列车按钮和通过按钮是方形按钮。

（5）● 为调车按钮显示/隐藏按钮。

（6）🚂 为车次号位置显示/隐藏按钮。

单击此按钮后站场图上出现可进行车次号操作的虚线框，在虚线框中单击鼠标右键，可以出现车次号操作菜单（见图 1 – 26）。

图 1 – 26　车次号操作菜单

（7）🚂 为进路窗显示/隐藏按钮。

当进路窗显示时，站场图上出现图 1 – 27 所示的进路窗。

图 1 – 27　进路窗

（8）**A** 为标注按钮。

单击此按钮后，鼠标单击站场图的任何位置，都会出现一个白色框，在此框中可以输入需要标注的文字，输入后按回车键即可，需要删除时单击右键选择"删除"即可。

（9）🚂🚂🚂 为车次号缩放操作按钮。

第一个为放大按钮；中间为缩小按钮；第三个为还原按钮，此操作针对站场图上所有的车次号。

3. 站场图显示

在多站显示模式下，站场图上仅显示站场，没有控制操作界面。站内进路锁闭时，用白光带来显示，区段或区间被占用时，用红光带来显示。

（1）车站工作模式指示灯的含义。

如图 1 – 28 所示，当非常站控模式出现时，左侧分散自律三个按钮不会亮起，分散自律模式和非常站控模式指示灯不会同时亮起。

如图 1 – 29 所示，分散自律文字上面的三个灯分别表示中心控制、分散自律、车站控制，灯为绿色时表示车站处在相应的控制模式下，灯为红色时表示当前站处于非常站控状态。同一时刻，控制模式灯最多只能亮一个。

图 1-28　非常站控时显示方式

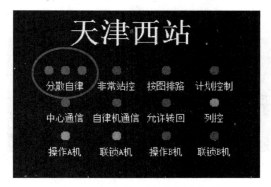

图 1-29　分散自律时显示方式

自律机通信灯表示车站与自律机通信状态，当通信状态良好时，此灯会闪烁。当此灯长时间不闪烁时，表明系统故障，须及时与维护人员联系。

按图排路灯为绿时表示按图排路，为黄时表示手工排路。

计划控制灯为绿时表示排路需要和计划比较，为灰时表示不比较。

其中"计划控制"和"按图排路"功能可以通过 CTC 工具条上的"状态选择"按钮来选择是否需要此功能。

如果车站有列控限速设备，则有列控状态灯。

初始化时，站场图上的列控状态灯显示黄色，提醒人工干预进行初始化操作；如果列控中心的线路完全初始化了，则列控状态灯为绿色。

当车站状态处于"站死"状态时，站名下的状态指示灯均不亮（暗灰色），同时股道、道岔、信号机等均为暗灰色。此时，说明网络通信中断或其他较严重的故障，须尽快与电务人员联络进行处理。

（2）车站入口处进路窗口的含义。

如图 1-30 所示，在车站的出入口有四个进路窗，分别表示即将要办理的上下行方向的进路序列。进路窗如图 1-31 所示。

数字表示股道号，红色表示非自触，黄色表示自触，绿色表示已经触发。

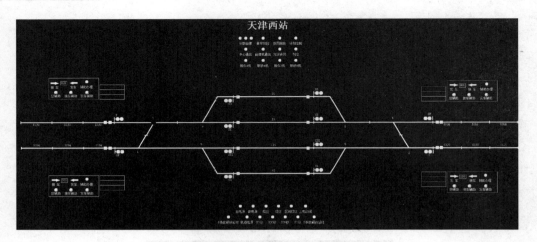

图 1-30　四个进路窗

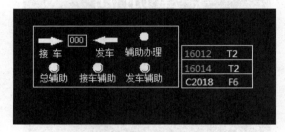

图 1-31　进路窗

空格后的字母的表示含义：J 表示接车，F 表示发车，T 表示通过。

空格前的数字表示车次，其中绿色表示货车，红色表示客车。

（3）单站显示界面及状态指示灯。

单站显示界面如图 1-32 所示。

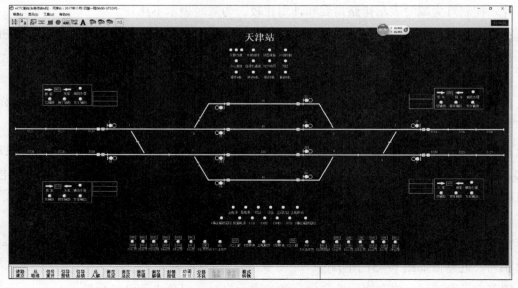

图 1-32　单站显示界面

如图 1-33 所示，单站显示界面也有一些状态指示灯。

图 1-33　单站显示界面状态指示灯

自律机通信灯表示本机与车站自律机的通信状态，当通信状态良好时，此灯每隔一小段时间就闪烁一下，颜色为绿色。

允许转回灯为黄色时表示车站可从非常站控转到 CTC 控制状态。

在单站显示界面的四个角有图 1-34 所示的单站显示界面进路窗。

图 1-34　单站显示界面进路窗

如图 1-35 所示，S 方向、SF 方向、X 方向、XF 方向分别表示上行方向、上发方向、下行方向、下发方向。下面第一排的各个 ⬤ 为状态指示灯，第二排的"总辅助"为计数标志，是对后面两个"接车辅助"和"发车辅助"按钮操作的计数。

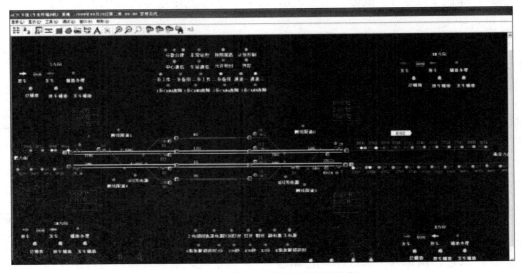

图 1-35　单站显示界面四个进路窗

（4）区间低频码显示。

在高速客运专线 CTC 中，区间闭塞分区除了具有占用空闲状态显示之外，还具备显示闭塞分区低频码的功能，在区间闭塞分区上采用三角的显示方式。

如果将鼠标移至相应的三角形上即有区间闭塞分区低频码的显示，具体含义如下。

▶：红色 + 黄色，鼠标移上去显示"HU"，表示此闭塞分区发码为 HU 码。

▶：红色，鼠标移上去显示"H"，表示此闭塞分区发码为 H 码。

▷：黄色，鼠标移上去显示"U"，表示此闭塞分区发码为 U 码。

2▷：黄色 + 数字 2，鼠标移上去显示"U2"，表示此闭塞分区发码为 U2 码。

2▷：黄色 + 数字 2 + 整体闪烁，鼠标移上去显示"U2S"，表示此闭塞分区发码为 U2S 码。

▷：黄色 + 绿色，鼠标移上去显示"LU"，表示此闭塞分区发码为 LU 码。

▷：黄色，鼠标移上去显示"LU2"，表示此闭塞分区发码为 LU2 码。

▷：绿色，鼠标移上去显示"L"，表示此闭塞分区发码为 L 码。

2▷：绿色 + 数字 2，鼠标移上去显示"L2"，表示此闭塞分区发码为 L2 码。

3▷：绿色 + 数字 3，鼠标移上去显示"L3"，表示此闭塞分区发码为 L3 码。

4▷：绿色 + 数字 4，鼠标移上去显示"L4"，表示此闭塞分区发码为 L4 码。

5▷：绿色 + 数字 5，鼠标移上去显示"L5"，表示此闭塞分区发码为 L5 码。

6▷：绿色 + 数字 6，鼠标移上去显示"L6"，表示此闭塞分区发码为 L6 码。

▶：红色 + 黄色 + 整体闪烁，鼠标移上去显示"HB"，表示此闭塞分区发码为 HB 码。

▷：双黄：鼠标移上去显示为"UU"，表示此闭塞分区发码为 UU 码。

▷：双黄色 + 整体闪烁，鼠标移上去显示"UUS"，表示此闭塞分区发码为 UUS 码。

▷：灰色，鼠标移上去显示"占用检查"，表示此轨道区段发码为占用检查码。

▶：灰色，鼠标移上去显示"载频切换"，表示此轨道区段发码为载频切换码，反向行车时，三角形的箭头方向也会相应地改为行车方向。

（5）临时限速命令表示。

高速铁路CTC的列控限速命令操作权归调度员所有，车站无权操作列控限速命令，调度员设置成功后，车站值班员的站场界面出现相应显示。

当限速命令被完全执行时，如图1－36所示，对于正线限速，相关限速示意区域显示黄色稳定光带；如图1－37所示，对于侧线限速，相应侧线限速表示灯显示为稳定黄色，鼠标移至黄色光带或者侧线限速表示灯上面则有具体限速信息。

图1－36　正线限速命令表示

图1－37　侧线限速命令表示

（6）高速铁路中CTCS－3级列控系统控车和移动授权的标示。

高速客运专线中，当列车由CTCS－3级列控系统控车时，在站场图上此列车车次为斜体字显示，如图1－38所示的G1001次，同时可显示对应该列车的移动授权信息，移动授权在轨道区段外侧以灰色外包线绘制。

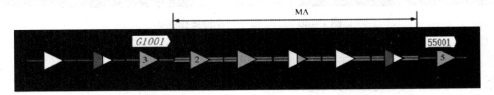

图1－38　高速铁路中CTCS－3级列控系统控车和移动授权的标示

4. CTC工具条通用操作方法

在站场图下方有一个工具条（见图1－39）。

进路建立	总取消	信号重开	引导按钮	引导总锁	总人解	道岔总定	道岔总反	道岔单锁	道岔解锁	封锁按钮	功能按钮	分路不良	命令清除	命令下达	模式转换

图1－39　工具条

此工具条是用来进行 CTC 按钮操作的，无论在区段、显示界面还是单站显示界面中，此工具条都能使用。一般情况下，具备 CTC 操作权限时，此工具条就显示在站场图下方。

CTC 总是处在某种操作命令状态下，具体处于哪种操作命令状态可以通过观察工具条上按钮的状态来分辨。灰色的且是凹下去的按钮就是当前的操作命令状态。用鼠标单击不同的按钮，将会改变当前的操作命令状态。缺省情况下，CTC 处在"进路建立"命令状态下，这与 6502 控制台保持一致。一条操作命令完成或取消后，CTC 自动回到缺省的"进路建立"命令状态下。

CTC 具备两种命令操作方式：左键操作方式和右键操作方式。

（1）CTC 命令的左键操作方式。

左键操作方式与 6502 控制台相同，通过鼠标左键来完成命令。先用左键在 CTC 工具条上选择操作命令，如"总取消"，然后在站场图上选择相应的设备，用鼠标左键单击一下设备，如该设备被成功点中，其将以明显不同的方式显示。最后单击 CTC 工具条上的"命令下达"按钮来下发操作命令。"命令清除"是对操作命令进行清除，重新回到缺省的"进路建立"命令状态下。CTC 命令的左键操作方式如图 1 – 40 所示。

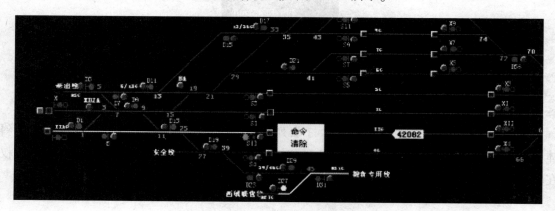

图 1 – 40　CTC 命令的左键操作方式

注："命令"指的是命令下达，"清除"指的是命令清除。

（2）CTC 命令的右键操作方式。

右键操作方式是对左键操作方式的补充。右键方式下，可以直接在站场图上找到要操作的设备，单击鼠标右键，弹出一个命令菜单，此菜单罗列了可以对该设备进行操作的所有命令。在菜单上选择需要的命令，用左键单击，就会完成命令的下发。需要注意的是：只有当鼠标移到设备上，设备颜色变为高亮（青色）时，才能使用右键操作菜单，如图 1 – 41 所示，当鼠标移到道岔上时，道岔变为青色，此时单击右键就会有操作菜单。

鼠标右键操作主要利用了弹出菜单，而弹出菜单是与设备相关的。目前只有道岔、区段、信号机有弹出菜单。

道岔弹出菜单如图 1 – 42 所示。

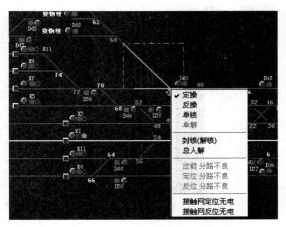

图 1 - 41　CTC 命令的右键操作方式

图 1 - 42　道岔弹出菜单

区段弹出菜单如图 1 - 43 所示。

图 1 - 43　区段弹出菜单

进站信号机弹出菜单如图 1 - 44 所示。

图 1 - 44　进站信号机弹出菜单

出站信号机弹出菜单如图 1 – 45 所示。

图 1 – 45 　出站信号机弹出菜单

5. 单站按钮操作

本部分介绍除分路不良、接触网停电及区间封锁外，其他系统与联锁间的控制指令操作，CTC 上下达的人工操作指令均需要确认才能下达至联锁。

信号员终端仅具备单站按钮操作功能。

1）进路建立

（1）功能。

手工排列进路。

（2）站场图显示。

在排进路过程中，道岔位置转换时道岔名称会闪烁，进路办理成功后与联锁显示一致，进路锁闭并且信号开放。

（3）操作设备。

操作设备有列车按钮、调车按钮或通过按钮，必须至少操作两个或两个以上按钮。

（4）左键操作方式。

在工具条上选择"进路建立"按钮，当按钮变灰且凹下去时说明此命令已被选中。如图 1 – 46 所示，将鼠标移至需要办理进路的始端按钮上，如果此按钮能够办理进路，此时鼠标就会变为十字形，同时按钮和信号机外框同时变为高亮。

图 1 – 46 　左键操作"进路建立"1

如图 1-47 所示，用鼠标左键单击始端按钮，始端按钮变为蓝色闪烁，系统自动找到能办理进路的终端按钮（变更按钮）且其变为黄色闪烁。

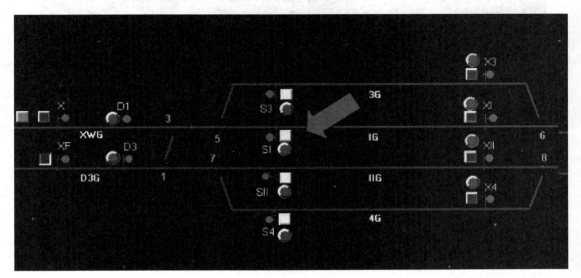

图 1-47　左键操作"进路建立"2

此时 CTC 工具条上原先为灰色的"命令清除"按钮变为能按状态且字体变为蓝色。如果不想办理进路了，就可以单击这个按钮。

如图 1-48 所示，如果要办理进路就可以将鼠标移到终端按钮（变更按钮）上，此时鼠标状态变为十字形，同时按钮和信号机外框同时变为高亮。

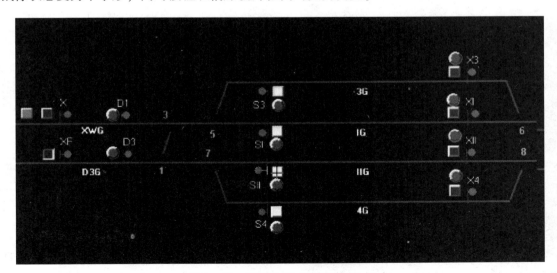

图 1-48　左键操作"进路建立"3

如图 1-49 所示，按下鼠标左键，终端按钮（变更按钮）呈蓝色并闪烁一定的时间。

此时 CTC 工具条上的"命令下达"按钮由原先的灰色变为能按的状态且字体变为红色。

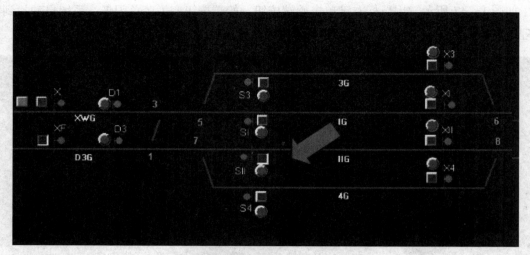

图 1 –49 左键操作"进路建立"4

如果没有单击"命令下达"按钮，一定时间后系统会自动选择"放弃"。

（5）右键操作方式。

如图 1 –50 所示，将鼠标移到始端信号机灯位上，信号机外框为青色。

图 1 –50 右键操作"进路建立"1

单击鼠标右键，出现图 1 –51 所示的菜单。

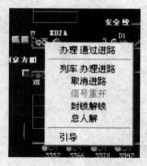

图 1 –51 右键操作"进路建立"2

对于"列车办理进路"这一项，若此信号机既有列车按钮又有调车按钮，则它同时具备列车和调车两种不同的菜单项。单击所要办理的进路选项，始端按钮变为蓝色闪烁，同时可供选择的终端按钮（变更按钮）变为黄色闪烁，接下来的操作与左键操作一样。

2）进路取消

（1）功能。

手动取消进路。

（2）站场图显示。

进路取消成功后，与联锁表示一致。

（3）操作设备。

进路的始端按钮（列车按钮、调车按钮）。

（4）左键操作方式。

在工具条上单击"总取消"按钮，之后将鼠标移到进路的始端按钮上，如图 1-52 所示，此时鼠标形状为十字形，按钮呈青色。

图 1-52　左键操作"进路取消"

此时按下鼠标左键，始端按钮呈蓝色，并有一定时间的闪烁，此时可以观察到 CTC 工具条上的"命令清除"和"命令下达"这两个按钮都可以选择。

如果不想取消这条进路，单击"命令清除"，如果要取消这条进路，就单击"命令下达"，此时系统将发送命令至联锁。

（5）右键操作方式。

进路取消操作也可以不单击 CTC 工具条上的"总取消"按钮，直接通过鼠标右键菜单实现。将鼠标移到进路始端的信号机灯位上，此时此信号机外框和名称变为青色，单击鼠标右键出现图 1-53 所示的界面。

图 1-53　右键操作"进路取消"

只要选择"取消进路"这个选项，系统提示是否下发"取消进路"命令（见图 1-54）。选择确定后系统将相关指令发送给联锁执行。

图 1-54　是否下发"取消进路"命令

3）信号重开

（1）功能。

当信号开放后由于轨道电路瞬时分路或其他原因而关闭，若满足进路完整锁闭、没有敌对信号开放等条件，单击相应进路的始端按钮，信号可以重新开放。

（2）站场图显示。

信号机开放。

（3）操作设备。

进路的始端按钮（列车按钮、调车按钮）。

（4）左键操作方式。

在工具条上单击"信号重开"按钮，之后将鼠标移到进路的始端按钮上，此时鼠标变为十字形，单击进路的始端按钮，然后下达命令即可。

（5）右键操作方式。

可以通过鼠标右键来实现信号重开。当需要信号重开时，将鼠标移到信号机的灯位，单击右键，出现图 1 – 55 所示的菜单。

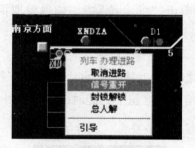

图 1 – 55   右键操作"信号重开" 1

可以选择"信号重开"菜单实现此项功能。系统将提示是否下发"信号重开"命令（见图 1 – 56）。

图 1 – 56   是否下发"信号重开"命令

4）引导进路

（1）功能。

当进站信号机（或进路信号机）因故不能正常开放时，可开放引导信号。

（2）站场图显示。

如果引导进路创建成功，则进路锁闭，同时信号机开放引导信号。同时在引导按钮下面有一个计数器，表示按下此按钮的次数。

如果进站信号内方第一区段故障，办理引导进路时，在站场图的引导按钮上方应该有

15 s 延时显示，如果要保持引导信号的持续开放，在 15 s 内必须再次办理引导进路操作，重新开始计时。

（3）操作设备。

引导按钮。

（4）左键操作方式。

此项功能只有在单站画面中才能使用，当站场图为单站画面时，在画面的左下角和右下角分别有引导按钮（见图 1 – 57）。

图 1 – 57　引导按钮

选择主工具条上的"引导按钮"，因为此按钮是铅封按钮，所以需要密码，此时系统会弹出一个密码输入对话框（见图 1 – 58）。

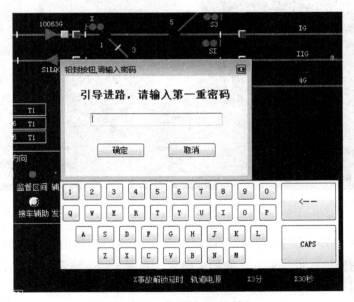

图 1 – 58　密码输入对话框

此对话框也带有一个软键盘，可以直接从软键盘上输入密码，输入的密码显示为星号（＊），密码输入完后单击"确定"按钮，如果不想进行引导操作的话，就单击"取消"按钮。当需要进行此操作可输入密码后单击确定，如果密码有误，系统提示密码不正确（见图 1 – 59），同时 CTC 工具条会返回到此操作前的状态。

如果输入的密码正确，则"引导按钮"呈被选中状态。如图 1 – 60 所示，将鼠标移到站场图上要办理引导的引导按钮上，如果此时能办理引导操作，则鼠标变为十字形，同时站场图上的引导按钮也变为黄色（可操作状态）。

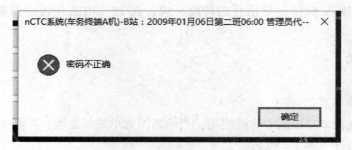

图 1 – 59　系统提示密码不正确

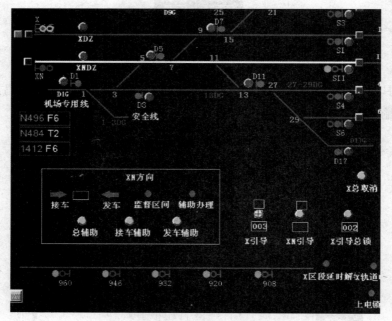

图 1 – 60　左键操作"引导进路"1

　　将鼠标放到 X 引导按钮上，同时可以观察到 X 方向的进站信号机外框也呈青色。按下鼠标左键，弹出密码输入框，输入正确的密码后，如图 1 – 61 所示，"X 引导"按钮呈蓝色并闪烁一定的时间。

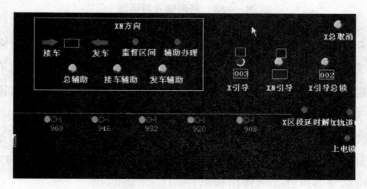

图 1 – 61　左键操作"引导进路"2

　　这时 CTC 工具条上的"命令清除""命令下达"呈可按下状态，可以单击"命令清除"，选择不做这项操作，如果确定要进行引导操作的话，单击"命令下达"按钮。

　　（5）右键操作方式。

　　将鼠标移到进站信号机的灯位，单击右键，弹出图 1 – 62 所示的菜单。

图 1 – 62　右键操作"引导进路"1

　　选择"引导"菜单项。如图 1 – 63 所示，系统提示是否需要下达引导命令。

图 1 – 63　右键操作"引导进路"2

　　单击"确定"，则弹出密码输入框，输入正确的密码后则会下发引导命令。

　　注意：引导进路的取消需要使用总人解按钮，即选中总人解按钮，如图 1 – 64 所示，输入正确的密码后，将鼠标移至引导按钮上并按下。

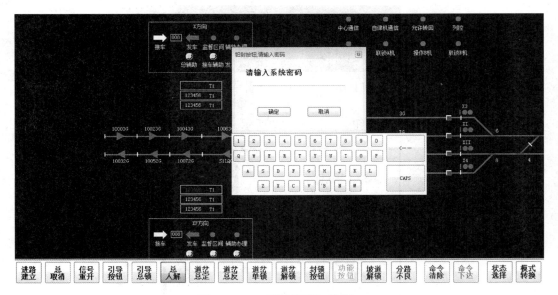

图 1 – 64　"引导进路"取消 1

　　如图 1 – 65 所示，也可以在引导信号机的右键菜单中操作"总人解"。

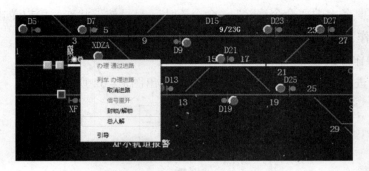

图 1 –65   "引导进路"取消 2

5）引导总锁

（1）功能。

在得不到道岔表示时（即进路上道岔失去表示）或在不是接车进路的编组线上接车时，只能用引导总锁的方式引导接车。这时由车站值班员保证行车安全。

（2）站场图显示。

引导总锁按钮所辖咽喉内的所有道岔被单锁。再次引导总锁时，道岔解锁。

引导总锁是铅封按钮，在引导总锁按钮旁边有一个计数器显示引导总锁按钮的使用次数。

（3）操作设备。

引导总锁按钮。

（4）左键操作方式。

如图 1 –66 所示，单站显示界面站场图的左右两个边角下，分别有咽喉引导总锁按钮。

图 1 –66   左键操作"引导总锁"1

选择工具条上的引导总锁按钮，如图 1 –67 所示，系统需要校验密码两次。

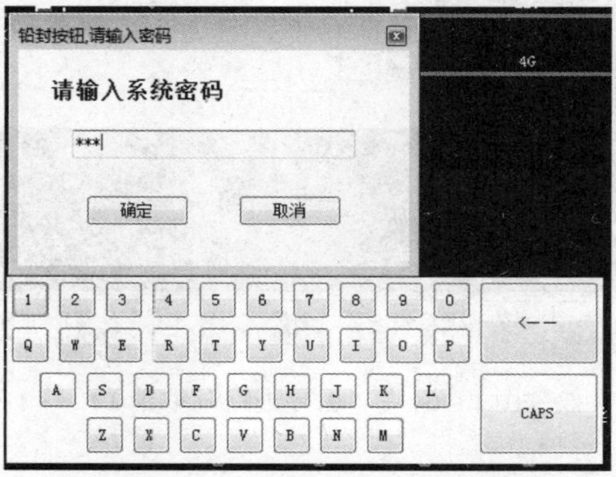

图 1 –67   左键操作"引导总锁"2

当输入正确的密码后，如图 1-68 所示，将鼠标移到单站站场图的引导总锁按钮上，鼠标变为十字形，同时按钮变为高亮（青色）。

图 1-68　左键操作"引导总锁"3

按下鼠标左键，如图 1-69 所示，此时 X 引导总锁按钮呈蓝色并闪烁一定的时间。

图 1-69　左键操作"引导总锁"4

这时 CTC 工具条上的"命令清除"和"命令下达"呈可按下状态，此时可以单击"命令清除"选择不做这项操作，如果确认要进行此项操作，单击"命令下达"。

当确认并下达此命令后，如图 1-70 所示，系统将命令发送至联锁，执行成功后相关咽喉道岔呈单锁状态，同时站场图上的引导总锁按钮呈红色的按下状态，并且它的计数器值加1，计数器用来累计做此项操作的次数。

图 1-70　左键操作"引导总锁"4

如需解除引导总锁状态，则再次按照以上步骤操作一遍即可。

（5）右键操作方式。

没有右键操作方式。

6）总人解

（1）功能。

解锁接近锁闭的进路、引导进路和区段。

（2）站场图显示。

站场图表现与联锁一致，总人解的进路按照联锁条件取消。

（3）操作设备。

道岔按钮、区段按钮、列车按钮、调车按钮、引导按钮。

（4）左键操作方式。

在工具条中，选择总人解按钮，此时弹出密码校验对话框，正确输入密码后，按钮变灰，表明已经选中了此命令。

如要解锁接近锁闭的进路或引导进路，则按相应信号机的始端按钮。

如图 1-71 所示，将鼠标移到进路的始端按钮上，此时鼠标变为十字形，此信号机高亮显示。

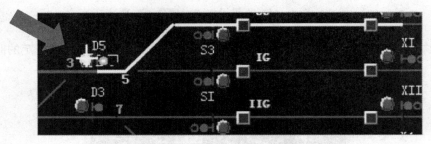

图 1-71　左键操作"总人解"1

如图 1-72 所示，按下鼠标左键，信号机呈蓝色并闪烁一定的时间。

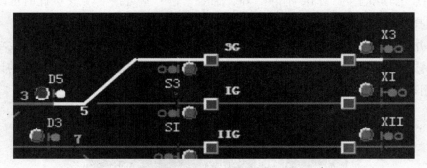

图 1-72　左键操作"总人解"2

CTC 工具条上的 ［命令清除］［命令下达］ 呈可操作状态，此时可以单击"命令清除"选择不做这项操作，如果确认要进行此项操作，单击"命令下达"。当然这个时候也可以在站场图上单击鼠标右键，出现"命令下达"和"命令清除"选项，单击它们也一样能实现想要的功能。单击"命令下达"后，将命令发送至联锁。若是列车或调车已经接近锁闭解锁，则需要延时。

当由于某种原因使轨道区段不能解锁时，可分段地按故障方式使其解锁，解锁条件是该区段未被进路占用（不是某条进路的区段），而且该区段空闲；此时单击该区段名称即可（也可以是单击区段的线段）。

如图 1-73 所示，选中总人解按钮命令后，将鼠标移至需要解锁的区段（或区段名称），此时鼠标呈十字形，区段高亮显示。

如图 1-74 所示，单击鼠标左键，则该区段呈蓝色，表示已被选中。

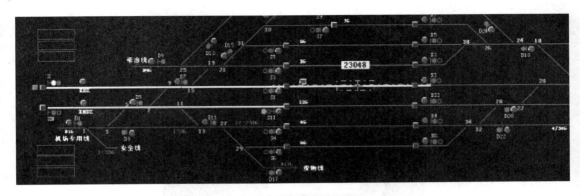

图 1 – 73　左键操作"总人解"3

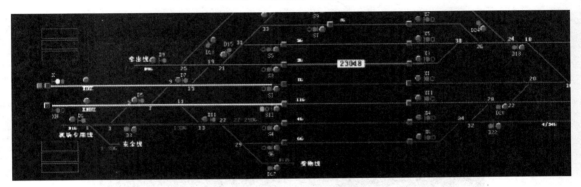

图 1 – 74　左键操作"总人解"4

（5）右键操作方式。

当需要进行"总人解"操作时，也可以直接用鼠标选中所要操作的设备，通过鼠标右键方便地实现此项功能。

如要解锁接近锁闭的进路或引导进路，将鼠标移到始端信号机的灯位，此时信号机的灯位名称呈高亮（青色），这时说明可以进行右键操作，单击鼠标的右键，弹出图 1 – 75 所示的界面。

如图 1 – 76 所示，单击此右键菜单的"总人解"命令，此时系统会弹出一个询问对话框。

如图 1 – 77 所示，如要对轨道区段进行"总人解"操作，将鼠标移至需要操作的区段的名称上（或是该区段的线段上），此时该区段和名称均呈高亮（青色）。

如图 1 – 78 所示，单击鼠标右键，弹出的右键菜单中有"总人解"选项。

单击"总人解"，同样有是否下发"总人解"命令对话框弹出。

如果联锁执行成功，则锁闭状态取消。

7）道岔单操（总定/总反）

（1）功能。

如果联锁执行成功，则锁闭状态取消。道岔未锁闭（锁闭包括进路锁闭、引导总锁闭和单锁）时，可进行道岔的单独操纵。

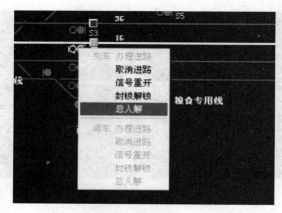

图 1 - 75   右键操作"总人解"1

图 1 - 76   右键操作"总人解"2

图 1 - 77   右键操作"总人解"3

图 1 - 78   右键操作"总人解"4

（2）站场图显示。

当道岔处于定位时，道岔名称呈绿色；当道岔处于反位时，道岔名称呈黄色。

如图 1 - 79 所示，1、3、7 号道岔处于定位；5 号道岔处于反位。

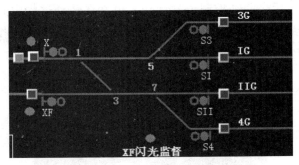

图1-79　站场图中通岔显示

（3）操作设备。

道岔。

（4）左键操作方式。

下面以"道岔总定"为例进行说明。选择"道岔总定"按钮，如图1-80所示，将鼠标移到站场图上需要操作的道岔上，鼠标呈十字形，同时该道岔呈高亮状。

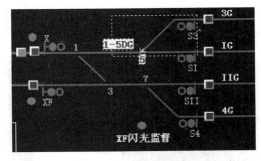

图1-80　左键操作"道岔总定"1

如图1-81所示，单击鼠标左键，道岔被选中后岔心呈深蓝色。

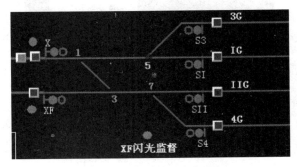

图1-81　左键操作"道岔总定"2

此时，CTC工具条上的 命令清除 命令下达 呈可操作状态，此时可以单击"命令清除"选择不做这项操作，如果确定要进行此项操作，单击"命令下达"。当然这个时候也可以在站场图上单击鼠标右键，出现"命令下达"和"命令清除"选项，单击它们也一样能实现想要的功能。单击"命令下达"后，联锁控制道岔动作，道岔在转动过程中其名称呈白色并闪烁。当道岔动作完毕，道岔的名称呈正常状态。如图 1-82 所示，上述操作成功后，5 号道岔处于定位状态上，道岔名称呈绿色。

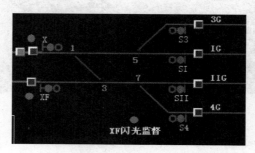

图 1-82 左键操作"道岔总定"3

（5）右键操作方式。

以图 1-82 中的 5 号道岔为例，现在道岔处于定位状态，以下介绍用鼠标右键操作的方式使道岔动作到反位状态。

如图 1-83 所示，首先将鼠标移到需要动作的道岔上，此时道岔及其名称呈高亮状态，这说明道岔可以进行右键操作。

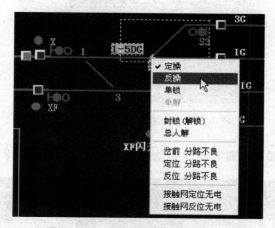

图 1-83 右键操作"道岔总定"1

单击"反操"菜单，系统弹出图 1-84 所示对话框。

图 1-84 右键操作"道岔总定"2

这里的"确定"和"取消"分别表示命令下发和取消此命令。道岔动作时，道岔名称呈白色并闪烁，动作完毕后，道岔位于反位状态，此时道岔名称呈黄色。

8）道岔单锁

（1）功能。

单独锁定道岔。

（2）站场图显示。

单独锁定道岔后岔心有绿色小圈。

（3）操作设备。

道岔。

（4）左键操作方式。

在工具条中选择"道岔单锁"按钮，如图1-85所示，将鼠标移到需要操作的道岔（或其名称）上，此时道岔呈高亮状态，鼠标也变为十字形。

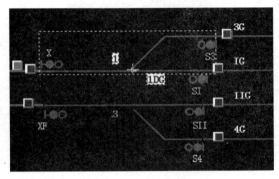

图1-85 左键操作"道岔单锁"1

单击鼠标左键，此时道岔岔心呈蓝色，表明此道岔已被选中。

通过CTC工具条上的 命令清除 命令下达 或右键菜单实现"命令清除"和"命令下达"功能。当下达了此命令后，如果操作成功，此道岔就处于单锁状态，同时道岔岔心有绿色小圈，如图1-86所示，1号道岔处于单锁状态。

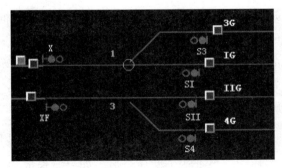

图1-86 左键操作"道岔单锁"2

（5）右键操作方式。

将鼠标移到需要操作的道岔（或道岔名称）上，当此道岔变为高亮（青色）状态时，表明此道岔可以进行右键操作，单击右键弹出图1-87所示菜单。

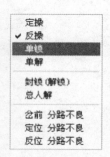

图 1 – 87　右键操作"道岔单锁"1

选中"单锁"选项,系统弹出图 1 – 88 所示的对话框。

图 1 – 88　右键操作"道岔单锁"2

这里的"确定"和"取消"分别表示命令下发和取消此命令。单击确定,此时系统下发命令。当成功地单锁了此道岔后,道岔岔心出现绿色圆圈。

9)道岔解锁

(1)功能。

为单锁的道岔进行解锁。

(2)站场图显示。

道岔岔心绿色圆圈消失。

(3)操作设备。

道岔。

(4)左键操作方式。

在工具条中选择"道岔解锁"按钮,此时系统会弹出密码输入框,如果密码输入正确,此按钮变为灰色,表明已经选中了"道岔解锁"这个命令。如图 1 – 89 所示,将鼠标移到需要解锁的道岔(道岔名称)上,系统会自动判别哪些设备能做此操作,当鼠标变为十字形且道岔呈高亮状态时表明可以对此道岔进行操作,单击鼠标左键,此时道岔岔心呈蓝色,表明已经选中了此道岔。

此时可以通过 CTC 工具条上的 命令清除 命令下达 这两个按钮,或通过右键菜单,实现"命令清除"和"命令下达"的功能。当下达了此命令后,如果操作成功,站场图岔心处绿色小圆圈消失。

(5)右键操作方式。

将鼠标移到需要操作的道岔(或其名称)上,此时道岔呈高亮状态表明可以进行右键操作,单击鼠标右键,出现图 1 – 90 所示的菜单。

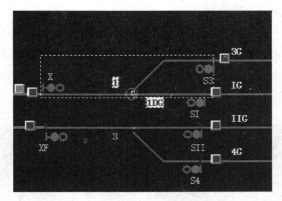

图 1-89　左键操作"道岔解锁"1

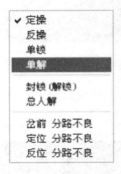

图 1-90　右键操作"道岔解锁"1

单击"单解"选项，出现图 1-91 所示的对话框。

图 1-91　右键操作"道岔解锁"2

这里的"确定"和"取消"分别表示命令下发和取消此命令。单击确定，此时系统弹出密码输入框，输入正确的密码后，系统下发命令。成功地将此道岔解锁后，道岔岔心绿色小圈消失。

10）封锁与解锁

（1）功能。

封锁/解封。

（2）站场图显示。

被封锁的设备呈粉红色并闪烁。

（3）操作设备。

道岔按钮、区段按钮、股道按钮、信号机按钮。

（4）左键操作方式。

选中主工具条上"封锁按钮"后，弹出密码输入框，输入正确的密码后，按钮变为灰色，表明此命令已被选中。如图 1 - 92 所示，将鼠标移至所需办理封锁操作的对象上（股道、区间、区段或其文字，信号机的按钮）。当鼠标变为十字形，同时所选对象为高亮状态时，表明可以进行封锁操作。

图 1 - 92　左键操作"封锁"1

如图 1 - 93 所示，按下鼠标左键，所选对象呈蓝色，如果所选对象为信号机按钮则还会闪烁一段时间。

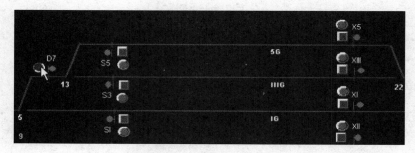

图 1 - 93　左键操作"封锁"2

此时可以通过 CTC 工具条上的 命令清除 命令下达 按钮，或通过右键菜单，实现"命令清除"或"命令下达"的功能。当下达了此命令后，如图 1 - 94 所示，被操作对象会呈高亮状态，按钮会呈粉红色并闪烁。

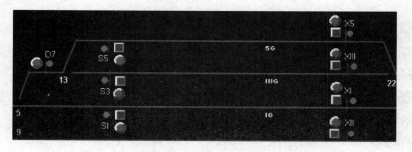

图 1 - 94　左键操作"封锁"3

　　如果是股道、区间、区段等被封锁则其显示为粉红色并闪烁，道岔被封锁则岔芯呈粉红色并闪烁。

　　（5）右键操作方式。

　　下面以鼠标右键封锁道岔为例，介绍封锁功能的鼠标右键实现方式。

　　将鼠标移到所要操作的对象上，当选择的对象呈高亮状态时，表明此对象可进行右键菜单操作，此时单击鼠标右键，弹出图1-95所示的菜单。

图1-95　右键操作"封锁"1

　　在此菜单中选择"封锁（解锁）"选项，系统弹出图1-96所示的对话框。

图1-96　右键操作"封锁"2

　　这里的"确定"和"取消"分别表示命令下发和取消此命令。单击确定，此时系统弹出密码输入框，输入正确的密码后，系统下发这个命令。当成功地将此道岔封锁后，道岔岔心呈粉红色并闪烁，道岔文字有红色方框（见图1-97中的3号道岔）。

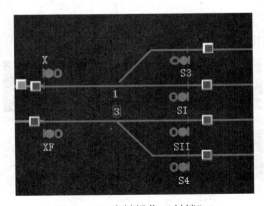

图1-97　右键操作"封锁"3

　　如果需要取消封锁，则将上面的步骤重复操作即可。

　　注意事项：区间和股道封锁为CTC内部的封锁状态，联锁等安全设备无此信息，即在分散自律时，CTC 内部设置区间或股道封锁后，若车站转入非常站控模式后，联锁仍能往封锁区间或股道办理进路。

对于一个闭塞分区存在多个轨道电路的情况，CTC 系统仅允许其中一个轨道电路的区段可设置为封锁状态，同一闭塞分区的其余区段则无法设置封锁。

对于区间封锁，车站值班员和调度员应加强人工确认流程，确认相关线路的情况后方可办理进路，同时建议：对于站内封锁车站，应把本站转入非常站控模式；对于区间封锁，应把两边车站转入非常站控模式，直到封锁取消才能转回 CTC 控制。

11）封路不良及确认空闲

（1）功能。

如果某轨道电路存在分路不良，如何让操作人员了解这一信息，防止进行不安全的操作呢，CTC 提供了一种提示性的功能。

由铁路局相关人员在 CTC 终端上标注某轨道区段为分路不良，当要往分路不良区段办理进路或操作道岔时，若此区段还未确认空闲，则系统提示操作人员此为分路不良区段，需要谨慎办理。

（2）站场图显示。

①粉红色外包线：分路不良的道岔或区段被一条细细的粉红色线包围。道岔的岔前、定位、反位的分路不良是分开显示的，标明了分路不良的区段。

股道分路不良显示如图 1－98 所示。

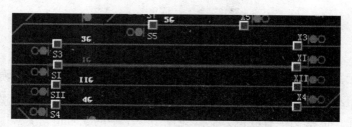

图 1－98　股道分路不良显示

道岔分路不良的各种情况如图 1－99 所示。

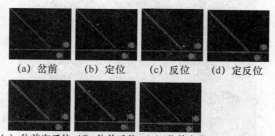

（a）岔前　　（b）定位　　（c）反位　　（d）定反位

（e）岔前定反位　（f）岔前反位　（g）岔前定位

图 1－99　道岔分路不良的各种情况

②白色外包线：分路不良的道岔或区段被一条细细的白色线包围。道岔的岔前、定位、反位的分路不良是分开显示的。

区段分路不良显示如图 1 – 100 所示。

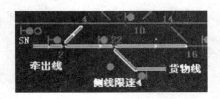

图 1 – 100　区段分路不良显示

确认空闲：当分路不良区段未确认空闲时，此区段则会闪烁以提醒操作人员及时确认。未经确认空闲的分路不良区段无法进行自动排路。确认空闲后分路不良区段稳定。

（3）操作设备。

道岔或股道、无岔区段。

（4）左键操作方式。

在工具条中选择"分路不良"按钮，然后选择站场图上的道岔或区段。如果选择的是道岔，左键操作方式只能设置岔前分路不良。

（5）右键操作方式。

如图 1 – 101 所示，用鼠标右键单击道岔或区段，弹出分路不良操作菜单。

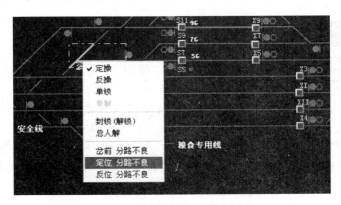

图 1 – 101　右键操作"分路不良"

注意：出现分路不良未确认空闲的区段则需要车站值班员及时地确认空闲，否则进路无法自动排路。如图 1 – 102 所示，采用右键方式确认空闲操作时，选中道岔或区段，单击右键后选择"空闲"即可。

12）功能按钮

（1）功能。

把所有特殊联锁的操作都归到工具条上的"功能按钮"这一命令内，"特殊联锁"包括闭塞操作（辅助改方）、上电解锁按钮、允许改方，等等。

（2）操作设备。

站场图上的特殊功能按钮包括以下几种。

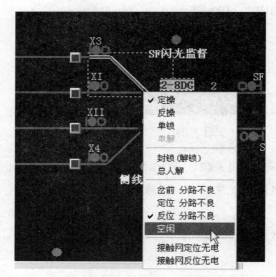

图 1 – 102   右键操作"确认空闲"

①总辅助 ，改区间运行方向出问题时使用，为非自复式按钮，按下后如果要弹起此按钮，重复操作一次即可。

②接车辅助 ，改区间运行方向出问题时使用。

③发车辅助 ，改区间运行方向出问题时使用。

④下行允许改方 ，改区间运行方向时使用，为非自复式按钮，按下后把所有特殊联锁的操作都归到"功能按钮"这一命令内，"特殊联锁"包括闭塞操作（辅助改方）、上电解锁按钮、允许改方，等等。这个按钮有的有计数器，有的需要输入密码，相当于原先控制台上的铅封。

⑤上下行允许改方 ，改区间运行方向时使用，为非自复式按钮，按下后如果要弹起此按钮，重复操作一次即可。

⑥下行咽喉总取消 ，CTC 排列进路发送到联锁是通过双按钮同时操作的，如果由于某些非正常因素导致联锁上有单个进路按钮被按下的时候，可通过操作此按钮，抬起按下的进路按钮。

⑦上行咽喉总取消 ，功能与下行咽喉总取消按钮类似。

13）半自动闭塞接发车操作

（1）操作设备。

站场图上的特殊功能按钮。

（2）左键操作方式。

有些多口车站，存在自动闭塞与半自动闭塞线路同时存在的情况，在单站显示界面中的相应出口附近会有图 1 – 103、图 1 – 104 所示的操作按钮，其用于半自动闭塞的办理。

 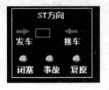

图 1 – 103 左键操作　　　　　　图 1 – 104 左键操作

"半自动闭塞接发车" 1　　　　　"半自动闭塞接发车" 2

站间闭塞的操作方式与联锁的操作顺序一致，但在每次单击这个操作按钮时，必须先单击 功能按钮 ，然后，如图 1 – 105 所示，单击对应的"闭塞"或"复原"等操作，然后再单击 命令下达 ，完成"要牌"或"给牌"的操作。

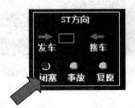

图 1 – 105 左键操作"半自动闭塞接发车" 3

在半自动闭塞区段，站间闭塞手续需要值班员按规定进行人工操作，CTC 系统仍然可以进行进路的自动办理，但有以下先决条件。

①对于接车进路，需满足相应入口的半自动闭塞表示灯为红灯（即区间里有车），并且相应的区间有该列车的车次号。

②对于发车进路，需满足相应出口的半自动闭塞表示灯为绿灯（即区间空闲），并且相应的发车股道已占用且股道上是该列车的车次号。

（3）右键操作法。

无右键快捷操作方式。

14）反向行车操作

反向行车也需要使用功能按钮，具体操作方法如下。

在单站显示界面中选中工具条上的"功能按钮"，如图 1 – 106 所示，将鼠标移至"X 允许改方"（下行咽喉需要办理反向行车）或"S 允许改方"（上行咽喉需要办理反向行车）按钮上，当鼠标变为十字形，并且按钮文字背景为高亮时表明此按钮可以操作了。

图 1 – 106　反向行车操作 1

此时按下鼠标左键，弹出密码输入框，此操作需要输入一次密码，正确输入密码后，"允许改方"按钮呈按下状态，此时工具条上的"命令下达"按钮呈可按下状态，进行命令下达操作后，如图 1 – 107 所示，"允许改方"按钮变为红色，表示此时可以办理反向行车进路了。

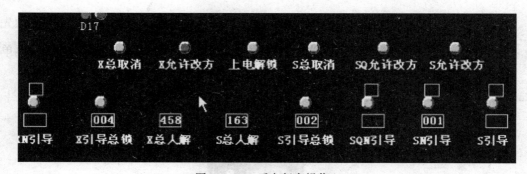

图 1 –107　反向行车操作 2

可以通过按始端按钮、终端按钮办理反向行车，也可以通过进路序列自动办理反向行车。反向接发车的进路建立后，区间信号机会全部变为灭灯状态。

如果不再需要办理反向行车了，就重新使用"功能按钮"对允许改方的按钮操作一遍，命令下达执行后，"允许改方"按钮由红色变为正常状态，表明现在已经不能办理反向行车了。

例如：反向发车时，按上述方法办理"允许改方"后，排一条反向发车的进路，此时，可以看到在进路信号机点亮的同时，区间所有的信号机灭灯。反向发车结束后，再次按上述操作单击"允许改方"，允许改方的红灯灭掉后，再由邻站办理一条正向的发车进路，即可将轨道电路方向恢复正常，区间信号机重新点亮。

如果出现轨道电路在反向接发列车后，无法恢复正确的方向时，则需要通过接发车辅助按钮的操作来进行恢复。

15）接发车辅助办理

（1）操作设备。

站场图上的特殊功能按钮。

（2）左键操作方式。

如图 1 –108 所示，在单站画面中的四个角上有四个方框。

在单击"接车辅助"和"发车辅助"按钮前，需要先单击 功能按钮 。

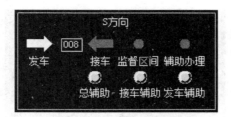

图 1 – 108 左键操作"接发车辅助办理"1

总辅助、接车辅助、发车辅助是自动闭塞接发车方向故障情况下人工恢复按钮,用于反向接发车后,无法将区间轨道电路方向恢复正常时使用,具体使用方法与联锁操作界面一致。

功能按钮操作只能通过工具条的方式实现。站场图上各个功能按钮对密码的要求是不一样的,有些需要输入两次密码,有些需要输入一次密码。首先单击工具条上的 功能按钮 ,此按钮变为 功能按钮 ,此时此命令已被选中。将鼠标移至站场图的功能按钮上,如图 1 – 109 所示,此时鼠标变为十字形,同时按钮及其名称为高亮状态,说明此按钮可以进行当前命令操作。

以本站反向发车后需要恢复为正向接车的操作为例,恢复操作方式如下:本站单击 功能按钮 ,再单击站场图上的"总辅助"按钮,再单击 命令下送 。

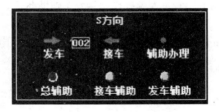

图 1 – 109 左键操作"接发车辅助办理"2

邻站也需要单击 功能按钮 ,然后单击其站场图上的"总辅助"按钮,再单击 命令下送 。

然后,本站再次单击 功能按钮 ,如图 1 – 110 所示,单击站场图上的"接车辅助"。

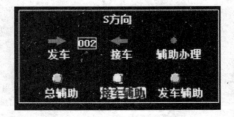

图 1 – 110 左键操作"接发车辅助办理"3

如图 1 – 111 所示,按下鼠标左键,按钮呈蓝色,并闪烁一段时间。

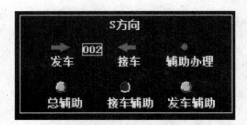

图 1 – 111   左键操作"接发车辅助办理"4

此时可以通过工具条上的 $\boxed{\substack{命令\\清除}}$ $\boxed{\substack{命令\\下达}}$ 这两个按钮，或通过右键操作，实现"命令清除"和"命令下达"的功能。

邻站需要单击 $\boxed{\substack{命令\\下达}}$，如图 1 – 112 所示，再单击其站场图上的"发车辅助"。之后，单击 $\boxed{\substack{命令\\下达}}$。

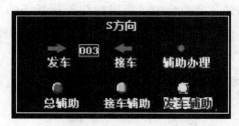

图 1 – 112   左键操作"接发车辅助办理"5

这样，通过本站与邻站的配合操作，就可以恢复区间轨道电路为正确的方向。

（3）右键操作方式。

没有右键操作方式。

16）车次号操作

一般情况下，CTC 在区间闭塞分区和股道上均对应一个车次窗，相应的红光带上可以输入和跟踪车次号，用来显示正在运行列车的车次及早晚点时分，同时显示运行方向。CTC 系统最多支持输入 9 位数的车次号。车次号显示界面如图 1 – 113 所示。

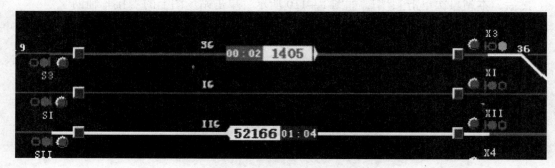

图 1 – 113   车次号显示界面

红色"1405"表示正在运行列车的车次号，紧挨车次号的"00:02"表示本次车的早晚点时分。箭头表示列车运行方向，一般情况下，箭头向左表示上行，向右表示下行，在较复杂的枢纽地区可能存在上下行车次方向不一致的情况。

通常情况下，车次号为红色时，表示本车次为客车，蓝色表示本车次为普通货车。早晚点为蓝色背景表示本次车晚点，红色背景表示本次车早点。车次号中出现 E 开头的时候，表示本次车号是由系统随机产生的，不是经过无线车次号校核或调度员输入的，需要人工及时修正。CTC 对车次号丢失的列车未输入车次号时，通过无线车次号校核也能自动匹配车次号，此种车次号下方有一横线，代表未经确认，无线车次号需要人工确认，否则该列车将无法自动排路，同时在人工确认前会有报警提示。

无论在单站画面下，还是在区段画面下，均可以对站场图中的车次号进行操作。将鼠标移动到任何一个车次窗位置，单击鼠标右键，出现图 1-114 所示的菜单选项。

图 1-114　车次号操作菜单

将鼠标移到删车次号菜单上并单击，出现图 1-115 所示的对话框，同时所操作的车次窗将出现闪烁现象，所有对车次号的相关操作，被操作的车次窗均会闪烁以提醒用户。

图 1-115　车次号删除对话框

当确定要删除的车次号无误时，单击"确定"就可以删除被选定的车次号。

车次号确认或更改界面如图 1-116 所示。

在新车次号的输入框中输入车次号，并单击确定。如果新旧车次号相同，表示车次号确认，否则表示车次号更改。

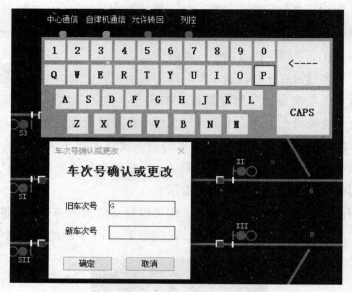

图 1 – 116　车次号确认或更改界面

单击鼠标右键，其中的第一项菜单便是"加车次号"，单击此菜单，如图 1 – 117 所示，将车次号填入车次号框中，如果是电力机车，则选中"电力牵引"框，单击"确定"完成添加车次操作。

图 1 – 117　加车次号对话框

 【任务实施】

1. 组织形式

学生自主学习基础性知识，并分组讨论站场界面的操作知识。学生进行相关技能展示，教师进行评价。

2. 设备准备

开启铁道实训设备，开启 ATS 信号系统，确保系统正常；确保沙盘信号系统正常。

3. 学习方法

（1）学习、讨论站场界面的操作知识，教师指导、学生讨论、组间互评。

（2）教师提出问题，各小组进行测试，要求学生快速地完成操作。

【知识链接】

出境前的"验证"站
——记阿拉山口铁路口岸站

资料来源：张家启．出境前的"验证"站：记阿拉山口铁路口岸站［N］．人民铁道，2017－5－20（1）．

在一路向西的中欧班列驶出国门之前，位于祖国西北角的阿拉山口铁路口岸站，是其在祖国境内的"验证"站。

阿拉山口，因为日益密切的亚欧贸易，已逐渐从人迹罕至、狂风肆虐的生命禁区发展成为丝绸之路经济带上的重要枢纽。

1990年9月，中国兰新铁路在阿拉山口至德鲁日巴间与苏联土西铁路接轨，实现了东起连云港、西至荷兰鹿特丹全长1.08万公里新亚欧大陆桥的全线贯通。伴随着钢轨上越来越频繁的列车身影，阿拉山口铁路口岸站一天天成长壮大。

进入新世纪，阿拉山口铁路口岸站被国家列为重点建设和优先发展口岸。2006年中哈原油管道一期工程建成运营后，阿拉山口成为我国重要的能源运输通道；2010年博乐阿拉山口机场建成通航，阿拉山口铁路口岸站成为我国西北首个集铁路、公路、原油管道、机场运输于一体的陆路口岸。

目前，成都、武汉、郑州、苏州、义乌等十几个国内城市开行的中欧班列，均通过阿拉山口铁路口岸站进出国门，该站在国际贸易中的枢纽地位日益凸显。

火车拉来了阿拉山口市。20多年来，由于阿拉山口铁路口岸站过货量大幅增长，阿拉山口基础设施也日臻完善，大通关机制不断健全，通关过货能力日益提升，国际物流网初步形成，已发展成为集通关、贸易、物流、加工、仓储、金融、旅游等多功能于一体的沿边新兴地区。2012年12月，国务院批准设立阿拉山口市。

针对口岸过货量大幅增长的实际，中国和哈萨克斯坦两国铁路部门于2001年6月18日起分别在阿拉山口铁路口岸站、多斯特克站设立联合办公点，集中处理接发列车、机车返还、商务交接等运输组织工作，保证了货物顺利过境。

多年来，乌鲁木齐铁路局将均衡出口运输作为增加出口运量的主要措施，按照多斯特克站的最大换装能力分品类、车种均衡组织发运货物，充分利用哈方换轮能力弥补换装能力不足，使用阿拉山口宽轨卸后的空车直接装运出口货物，出口运量大幅增长。

2011年以来，在通过新亚欧大陆桥开行中欧班列过程中，阿拉山口铁路口岸站优化运输组织，将班列纳入运行图，积极协调提高通关效率，确保班列100%正点；做好与哈萨克斯坦铁路方面的协调工作，固化班列境外开行方案，细化班列接续运行互保措施，使通关效率及出口运输效率大幅提高。

任务六　　进路序列管理

【学习情境】

在实训室内进行理论与实践一体化教学，同时利用沙盘、多媒体手段进行辅助教学。

【任务描述】

（1）掌握进路序列的概念及自动触发进路的工作原理。
（2）掌握人工办理出发进路的步骤。

【知识准备】

一、进路序列

进路序列指调度集中系统根据最新的阶段计划，自动生成的本站下一步需要准备办理的进路的列表，并根据时间由近及远进行排序。

进路序列中的每一条进路信息，包括以下内容。
（1）车次号。
（2）接车或通过股道。
（3）是否自动触发。
（4）进路类型（接车、发车、通过）。
（5）计划到发时间。
（6）进路状态（存在 6 种状态：未触发、正在触发、已触发、已取消、占用、出清）。
（7）进路描述信息。

二、自动触发进路

自动触发进路指自动触发进路系统根据阶段计划信息、车次号信息、本站《车站行车工作细则》（以下简称《站细》）、当前信号道岔设备状态、列车位置等一系列约束条件，在合适的接近区间，或指定的提前时间量到达时，自动按计划排列接发列车进路，不需要人工干预。

自动排列进路的具体工作原理是：由车站自律机根据进路序列，自动产生操作命令，发往微型计算机联锁设备，或通过驱动电路驱动 6502 设备，具体的进路联锁关系仍由联锁设备保证。

三、人工触发进路

　　人工触发进路指人工从现有的进路序列中选择一条进路，开始进行排路操作，不再等待自动触发时系统规定的触发时机，人工触发时，依然要根据现有阶段计划、车次号信息、本站《站细》、当前信号道岔设备状态、列车位置等一系列约束条件进行安全性检查，只是排列进路的时机由人工操作决定。

四、进路序列管理

　　如图 1 – 118 所示，在站场显示界面的下方是本站的进路序列窗（此进路序列窗也可拖动到其他位置）。

图 1 – 118　进路序列窗

　　一般来说，左侧是列车进路序列显示，右侧是调车进路序列显示。

　　如表 1 – 3 所示，车站处于不同的控制模式，车务终端对进路序列具有不同的操作权限。

表 1 – 3　车务终端对进路序列具有不同的操作权限

控制模式	列车序列	调车序列
调度中心控制模式	不可修改	不可修改
分散自律（车站调车控制模式）	不可修改	可修改
车站控制模式	可修改	可修改

（一）概述

　　如图 1 – 119 所示，列车进路序列窗显示调度中心行车调度员下发到自律机的计划进路。

　　（1）"车次"说明该进路的列车车次。

　　（2）"股道"说明该进路的股道信息。

　　（3）"自触"说明该进路是自动触发还是需人工触发。

　　（4）"类型"说明该进路的方向。

　　（5）"开始"是根据计划时间和实际列车运行情况估算的该进路预计开始时间。

　　（6）"计划"是中心调度制定的计划时间。

序	车次	股道	自触	类型	开始	计划	状态	进路描述
5	*10773*	*I道*	☑	*A站-->*	*16:56*	*16:56*	**占用**	*X-SI-SF*
6	*10773*	*I道*	☑	*-->C站*	*16:56*	*16:56*	**触发完成**	*XI-SF*
7	K334	II道	☑	C站-->	17:03	17:04	等待	S-XII
8	K334	II道	☑	-->A站	17:03	17:04	等待	SII-XF
9	K667	I道	☑	A站-->	17:06	17:05	等待	X-SI-SF
10	K667	I道	☑	-->C站	17:06	17:05	等待	XI-SF
11	5204	II道	☑	C站-->	17:14	17:14	等待	S-XII

车站 B站 ▼　　释放权限

图 1-119　计划进路

（7）"状态"说明该进路是等待触发还是已触发完成。进路的状态用不同的颜色表示，其中：计划进路用黄色，正在办理和已经办理好的进路用绿色表示，已经出清的进路用灰色表示。

（8）"进路描述"是通过按钮序列描述该进路。

注：①进路序列的车次排列顺序并不总是和阶段计划完全一致，因为进路序列中的进路排列是根据进路序列的"开始时间"排列的，而不是根据"计划时间"排列的。"开始时间"是 CTC 根据列车运行情况自动推算的。

②当车站处于"人工排路"状态时，列车计划进路序列为空。

（二）主要操作

在列车进路序列处于可修改状态时，值班员可以修改进路股道、选择进路是否自动触发、人工触发进路、删除进路和查看进路明细。

1. 修改进路股道

如图 1-120 所示，用鼠标左键单击需要修改股道的列车进路的股道栏，弹出"变更股道"修改菜单，当前显示的股道前面有"√"，选择新股道，修改成功后在"股道"列中会有相应的改变。

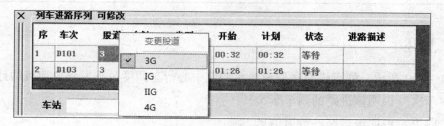

图 1-120　修改变更股道

2. 选择进路是否自动触发

用鼠标左键单击需要修改的列车进路的自触栏，弹出"触发类型"选择菜单，当前的触发类型前面有"√"，如图 1 – 121 所示，当前 D101 的接车进路为"手动触发"（即非"自触"），在菜单上可选择"自动触发"。

图 1 – 121　修改触发类型

如图 1 – 122 所示，选择自动触发成功后，自触栏中出现"√"。

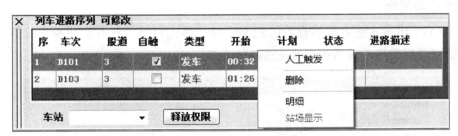

图 1 – 122　自动触发显示

3. 人工触发进路

如图 1 – 123 所示，选中需要触发的列车进路，单击右键，在右键菜单中选择"人工触发"菜单项。如图 1 – 124 所示，在弹出的对话框中选择"确定"按钮。

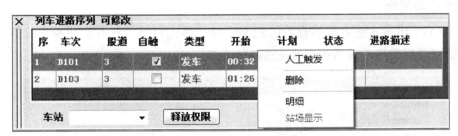

图 1 – 123　人工触发进路 1

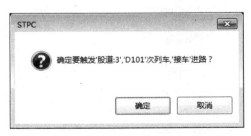

图 1 – 124　人工触发进路 2

选择"确定"按钮之后，车务终端将人工触发指令发送给自律机，自律机将进路办理指令发送给联锁，由联锁执行，执行完毕后进路序列状态发生变化。

4. 删除进路

如图 1 – 125 所示，选中需要删除的列车进路，单击右键，在右键菜单中选择"删除"菜单项。如图 1 – 126 所示，在弹出的对话框中选择"确定"按钮。

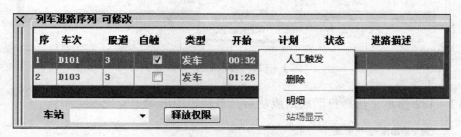

图 1 – 125   删除进路 1

图 1 – 126   删除进路 2

5. 查看进路明细

如图 1 – 127 所示，选中需要查看的列车进路，单击右键，在右键菜单中选择"修改"菜单项，就可通过弹出的对话框查看该进路的详细信息。

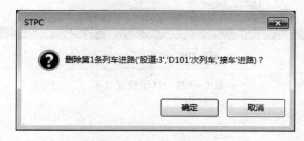

图 1 – 127   查看进路明细

【任务实施】

1. 组织形式

学生自主学习基础性知识，并分组讨论进路序列管理的相关操作。学生进行相关技能展示，教师进行评价。

2. 设备准备

开启铁道实训设备，开启 ATS 信号系统，确保沙盘信号系统正常。

3. 学习方法

（1）学习、讨论进路序列管理的相关知识，教师指导、学生讨论、组间互评。

（2）教师提出问题，各小组进行测试，要求学生快速地完成操作。

任务七 签收调度命令

【学习情境】

在实训室内进行理论与实践一体化教学，同时利用沙盘、多媒体手段进行辅助教学。

【任务描述】

（1）了解调度命令的相关概念。

（2）掌握签收调度命令的方法。

【知识准备】

一、相关概念

（一）调度命令

各级调度员在组织、指挥日常运输工作中对下级调度员或车站值班员，以及有关人员所发布的关于完成日常运输生产任务的具体部署和指挥行车工作的指令中，必须在调度命令登记簿上登记的为调度命令，无须登记的为口头指令。

（二）调度命令的执行要求

指挥列车运行的命令和口头指示，只能由列车调度员发布。

有关行车人员必须执行列车调度员命令，服从调度指挥。

行车工作必须严格执行单一指挥的原则。列车调度员是一个调度区段行车工作的统一指挥者，有关行车人员必须执行列车调度员的命令、指示，不得违反。

二、签收调度命令操作流程

当车务终端接收到调度台发送的调度命令时，如图 1 – 128 所示，站场图和行车日志的"调度命令"按钮会呈红色并闪烁，同时有语音提示，这说明已收到调度命令。如图 1 – 129 所示，值班员应单击"确定"按钮。

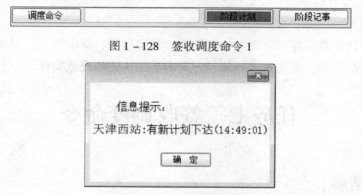

图 1 – 128　签收调度命令 1

图 1 – 129　签收调度命令 2

如图 1 – 130 所示，值班员按下"阶段计划"按钮并签收此条调度命令。

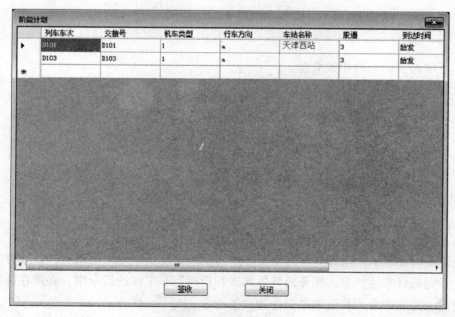

图 1 – 130　签收调度命令 3

【任务实施】

1. 组织形式

学生自主学习基础性知识，并分组讨论签收调度命令的相关操作。学生进行相关技能展示，教师进行评价。

2. 设备准备

开启铁道实训设备，开启 ATS 信号系统，确保沙盘信号系统正常。

3. 学习方法

（1）学习、讨论签收调度命令的相关知识，教师指导、学生讨论、组间互评。

（2）教师提出问题，各小组进行测试，要求学生快速地完成操作。

任务八　行车日志的操作

【学习情境】

在实训室内进行理论与实践一体化教学，同时利用沙盘、多媒体手段进行辅助教学。

【任务描述】

（1）了解行车日志的重要性。

（2）掌握上报速报信息及修改车次等的操作方法。

【知识准备】

一、相关概念

车站值班员用行车日志来记录列车的到发时刻、编组等信息。

行车日志分为两个部分：表头和表体。

行车日志的表头如图 1－131 所示。表头显示行车日志标题（包括运统报表类别、车站站名）；左边是当前时间和天气情况；右边是当前班别内登录过的值班员姓名列表（包括登录时间），其中最后一个为当前值班员。

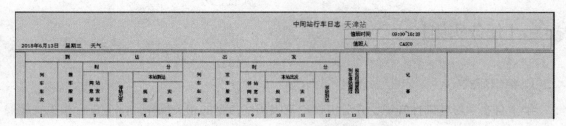

图 1 – 131　行车日志的表头

如图 1 – 132 所示，表体记录了各个列车在本站的信息，如到发时间、基本编组信息等，运统报表缺省时只显示本站实际到发时刻、计划到发时刻、邻站到发时刻，同意发车时间及记事等一些主要信息，但是用户通过视图按钮可最大限度地调整运统报表显示项数。

在行车日志里有两条线：红线和绿线。红线以下为计划中的列车；红线和绿线之间的车次为本站正在办理接发车的列车；红线以上为已经完成接发车的列车。

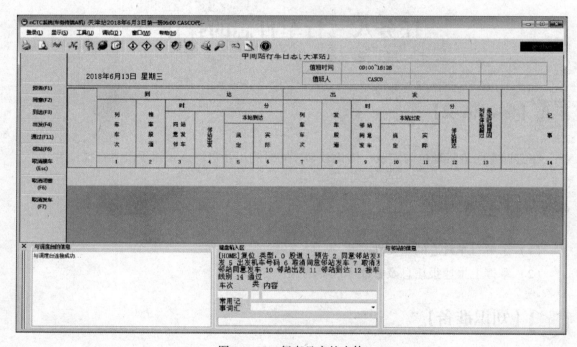

图 1 – 132　行车日志的表体

二、操作流程

（一）人工报点

人工报点是车务终端的重要功能，输入错误的报点将影响调度中心运行图的绘制。

运统报表在运行过程中自动填写各列车计划到达时刻、计划出发时刻、邻站出发时刻、邻站到达时刻、本站出发时刻、本站到达时刻等列车运行信息，值班员也可进行人工报点，具体方法如下。

如图1-133所示，用鼠标单击要报点的列车信息行头的按钮，该行"反蓝"显示。

| D101 | | 始发 | D101 | 3 | 泽昆站 | 00:32 |

图1-133　人工报点操作1

再次单击该行行头按钮，弹出图1-134所示的菜单。

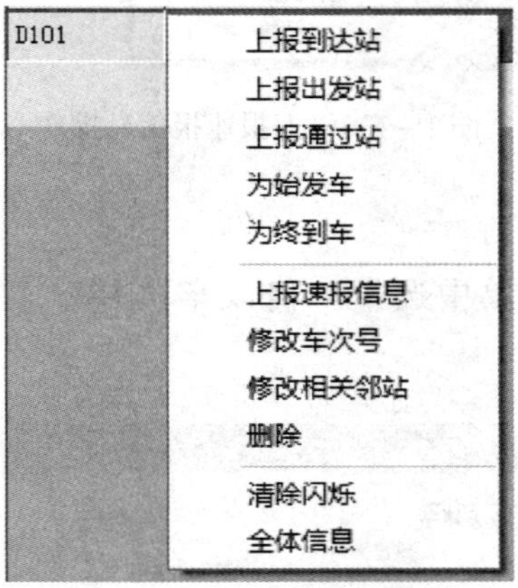

图1-134　人工报点操作2

选择第一至第五个菜单，则会弹出相应对话框。

如图1-135所示，填写相应车站的实际到达点和出发点。然后单击"确定"就可上报到调度中心并更新运统报表。

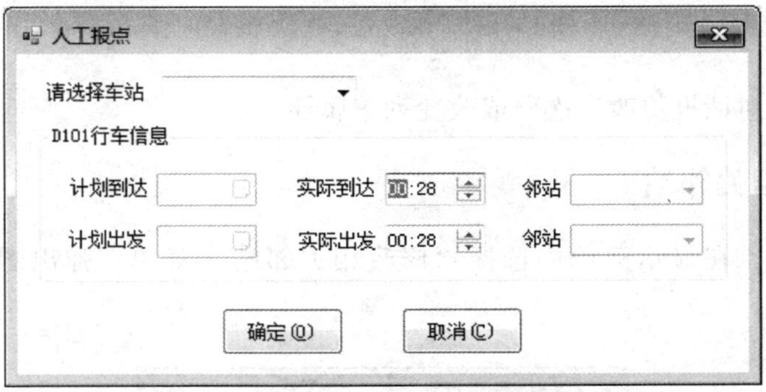

图1-135　人工报点操作3

（二）上报速报信息

如图1-136所示，在选中列车的菜单中，第六个为"上报速报信息"菜单。

此功能和先前介绍的人工报点功能一样，只是针对所选中的车次。

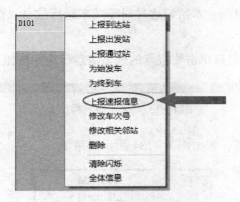

图 1 – 136   上报速报信息操作

（三）修改列车车次号

单击行头按钮，在显示菜单中选择"修改车次号"菜单，弹出图 1 – 137 所示的对话框。

图 1 – 137   修改列车车次号操作

用户可通过该对话框更改车次号或改变列车属性。

（四）修改相关邻站

单击行头按钮，在显示菜单中选择"修改相关邻站"菜单，弹出图 1 – 138 所示的对话框。

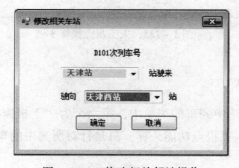

图 1 – 138   修改相关邻站操作

此时可以修改此次列车的相关邻站信息。

（五）删除行车日志中的列车信息

单击行头按钮，在显示菜单中选择"删除"菜单，弹出图1－139所示的对话框。

图1－139　删除行车日志中的列车信息

单击"确定"后所选中的列车信息被删除。

（六）添加新车

如果用户要添加当前报表中不存在的列车信息，如图1－140所示，可单击工具栏上的"添加新车"按钮。

图1－140　添加新车操作1

单击"添加新车"按钮后，弹出图1－141所示的对话框。

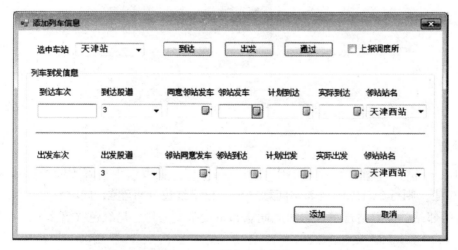

图1－141　添加新车操作2

填入正确的车次号、到发时间，选中"上报调度所"后单击"添加"，就可上报该车次到发时间。如果不选中"上报调度所",则只是在行车日志中添加一条新记录。

(七) 直接修改运统报表

用户可在运统报表上直接修改相关内容（除列车车次、计划时间等项），鼠标双击需要修改的项，就会出现一个编辑框或下拉选择框，在编辑框中输入内容按"回车"或在下拉框中选择后就可修改该项的内容。如果修改的是本站实际到达时间或本站实际出发时间还会生成报点信息并发送给调度所。

注：时间输入时只需输入"时：分"（如 14：08）。

(八) 邻站预告等操作

在工具栏上有两个按钮："同意邻站发车"按钮和"邻站同意发车"按钮。

按压此快捷工具条上的"同意邻站发车"按钮，在行车日志的"同意邻站发车"栏上填上相应的时间；按压"邻站同意发车"按钮，在行车日志的"邻站同意发车"栏上填上相应的时间。

如图 1 - 142 所示，在行车日志中的最左边有一列按钮。

图 1 - 142   行车日志左边按钮

1. 预告

如图 1 - 143 所示，在行车日志中选中某趟车后，单击行车日志中的最左边按钮中的"预告"按钮，则行车日志的"邻站同意发车"栏呈红色（客车），同时将这个预告信息发送给相应的邻站，前方站行车日志的"同意邻站发车"一栏也呈红色（客车）。

2. 同意

在收到预告信息后，"同意邻站发车"一栏呈红色（客车）或蓝色（货车），此时选中列车后单击"同意"按钮，并将同意时刻的时间填入行车日志中。

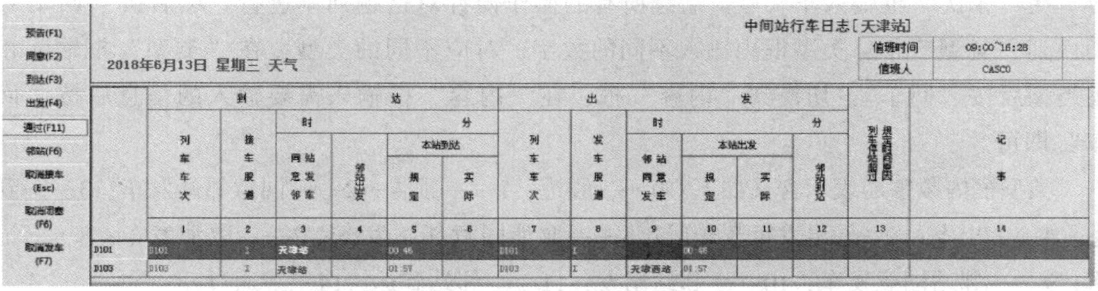

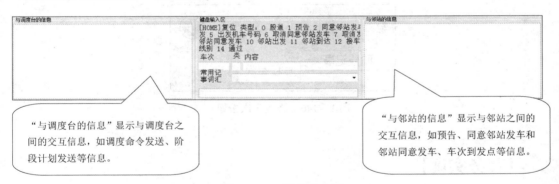

图 1 – 143　预告操作

3. 到达、出发、通过

单击这三个按钮则完成选中列车的人工报点功能。

4. 取消接车、取消闭塞、取消发车

单击这三个按钮则将选中列车的相应标志消除。

（九）键盘输入区操作

键盘输入区如图 1 – 144 所示。

图 1 – 144　键盘输入区

如图 1 – 145 所示，值班员可通过"键盘输入区"修改运统报表，以加快操作速度。

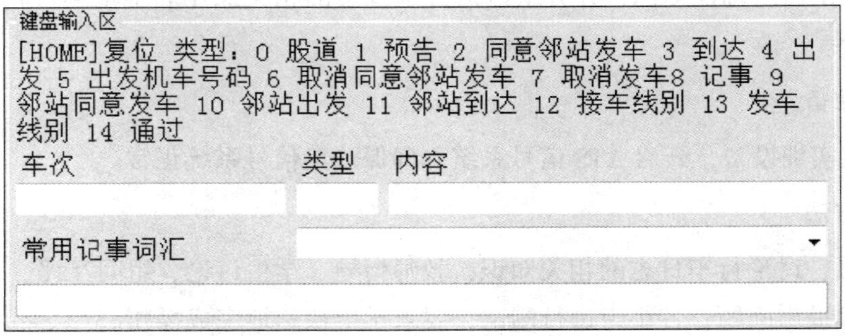

图 1 – 145　键盘输入区操作

在"车次"框输入车次号，后续所有的操作便针对这趟列车进行。然后按"回车"，切换到"类型"框，类型框内输入不同的数字，对应不同的类型，在"类型"框输入相关类型后按"回车"，切换到"内容"框，在"内容"框输入需要输入的信息后按"回车"即可。

类型框内数字的表示含义如下：0——股道；1——预告；2——同意邻站发车；3——到达；4——出发；5——出发机车号码；6——取消同意邻站发车；7——取消发车；8——记事；9——邻站同意发车；10——邻站出发；11——邻站到达；14——通过。

按 HOME 键将光标切换到"车次"框并将三个编辑框的内容清空。

注：预告和同意邻站发车项发送邻站闭塞信息到邻站；到达和出发项发送报点信息到调度中心。

（十）查找车次

如图 1 - 146 所示，在工具栏上有一个类似"放大镜"的图标，此图标为"查找车次"按钮，单击后在弹出的对话框内输入需要查找的车次，确定后即可在行车日志中对该车次进行定位。

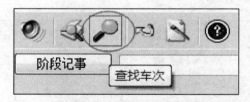

图 1 - 146　查找车次按钮

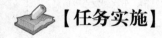 【任务实施】

1. 组织形式

学生自主学习基础性知识，并分组讨论行车日志的相关操作。学生进行相关技能展示，教师进行评价。

2. 设备准备

开启铁道实训设备，开启 ATS 信号系统，确保沙盘信号系统正常。

3. 学习方法

（1）学习、讨论行车日志的相关知识，教师指导、学生讨论、组间互评。

（2）教师提出问题，各小组进行测试，要求学生快速地完成操作。

【知识链接】

其他运统报表举例

C2－5－19 检修车登记（运统－5，YT－5）

顺序	车种	车号	到达		重或空	签收车辆检修通知单月日时分	送到检修线月日时分	签收车辆检修通知单或报废命令月日时分	车辆发出月日时分	记事
			列车车次	月日时分						
1	2	3	4	5	6	7	8	9	10	11

C2－5－22 中国铁路总公司备用货车登记簿（运统－7A，YT－7A）

转入备用车						未备满24或48小时调回时分		实际解除备用车				注
转入日期		命令号码		车种	车号	月日	时分	解除日期		命令号码		
月日	时分	局令	总公司令					月日	时分	局令	总公司令	
1	2	3	4	5	6	7	8	9	10	11	12	13

C2－5－27 新线货物交接纪录单（运统－3，YT－3）

____年____月____日

顺序	车次	交接时间	车种	车号	运单号码	发站	到站	品名	重量（千克）	记事
1	2	3	4	5	6	7	8	9	10	11
合计	车数			重量						

任务九　用户管理

【学习情境】

在实训室内进行理论与实践一体化教学，同时利用沙盘、多媒体手段进行辅助教学。

【任务描述】

能够在用户信息管理界面进行浏览、添加用户、更改信息等操作。

【知识准备】

如图 1 – 147 所示，在主菜单的"工具"选项中，有"用户管理"项。

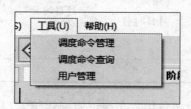

图 1 – 147　用户管理操作 1

调用用户管理功能后，即可在"用户信息管理"对话框中进行用户管理的操作。根据当前登录用户的不同权限级别（一般用户和管理员两类用户），选择用户可进行的操作。如果要执行当前用户不能进行的操作，请在运统报表界面选择"交接班""重新登录"项，以可以使用该功能的用户身份登录即可。

对于一般用户，可浏览本机已建立的用户信息，上、下班时间信息，更改本用户的用户信息。

选择运统报表"维护系统""用户管理"菜单后弹出图 1 – 148 所示的对话框。

用户名	全名	描述
1	超级管理员	管理员
2	刘文钱	管理员
3	管理员	管理员
10	李洁	一般用户

早上换班时间：6:00　　添加用户　删除用户　更改信息

晚上换班时间：18:00　　□下班时间自动注销　完成

图 1 – 148　用户管理操作 2

对于管理员，拥有浏览、添加用户、删除用户、更改信息，更改工作时间、存储等功能的权限。

1. 浏览功能

在用户信息列表中，显示用户的基本信息，包含用户名，用户全称及用户权限描述的信息。一般用户、管理员均能进行本功能操作。

2. 添加用户功能

单击"添加用户"按钮可调用添加用户功能。在弹出的用户管理对话框中，输入正确的"用户代号"（用户名）、"用户姓名"（用户全名）、"新密码"、"确认密码"并选择适当的用户权限描述（在下拉列表中选择一般用户或管理员）。单击"确认"按钮完成添加，单击"取消"按钮则取消本次操作。本功能只能由管理员进行操作。

注：如图 1 – 149 所示，"用户代号"不可为空；"用户姓名"栏可为空，为空时程序将以"用户代号"作为"用户姓名"；"新密码"与"确认密码"必须输入相同字符，或均为空。

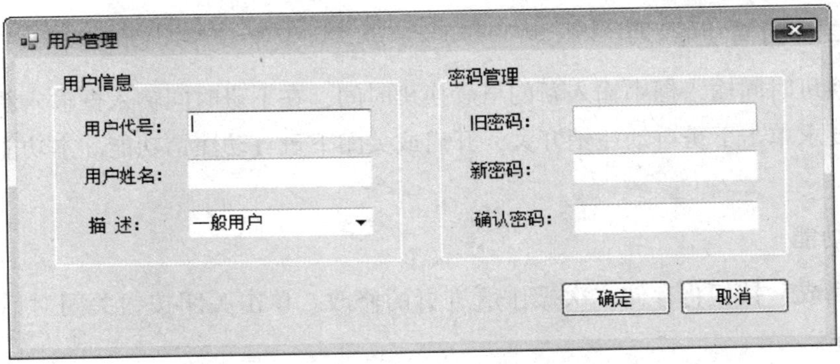

图 1 – 149　用户管理操作 3

3. 删除用户功能

在用户信息列表中选择要删除的用户，单击"删除用户"按钮即删除该用户。本功能只能由管理员进行操作。

4. 更改信息功能

在用户信息列表中选择要更改信息的用户，单击"更改信息"按钮就可更改用户的信息。如图 1 – 150 所示，在弹出的用户管理对话框中，显示了当前选择的用户的信息。在此对话框中可实现对用户姓名，权限描述，密码的更改。单击"确认"按钮完成修改，如果旧密码输入不正确将提示"请输入原密码"，单击"取消"则取消本次操作。本功能只能由管理员进行操作。

注：正确输入"旧密码"后，方能完成修改操作；"用户代号"不可修改；"用户姓名"栏可为空，为空时程序将以"用户代号"作为"用户姓名"；"新密码"与"确认密

码"必须输入相同字符，或均为空。

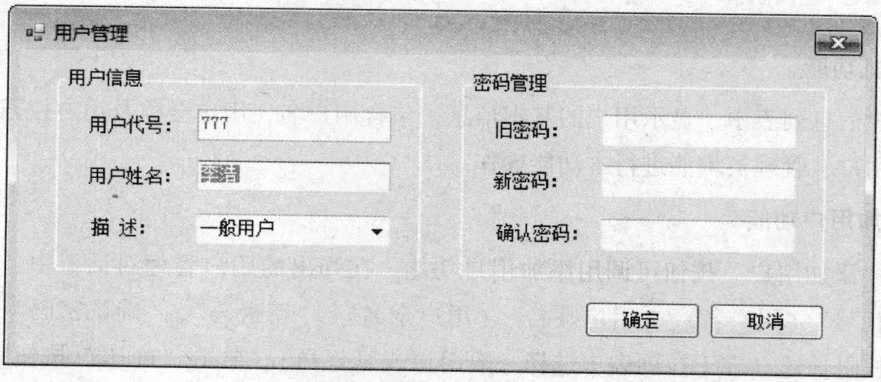

图 1 – 150   用户管理操作 4

在用户信息列表中选择当前登录用户对应的用户信息行，单击"更改信息"按钮就可更改登录用户的信息。操作与修改所有用户信息相同。一般用户和管理员均能进行此项操作。

5. 更改工作时间功能

在早晚换班时间输入框中输入新的早晨换班时间，在下班时间输入框输入新的傍晚换班时间，根据要求单击下班自动注销开关，开启或关闭下班自动注销功能。本功能只能由管理员进行操作。

6. 存储功能

单击"完成"按钮将存储本次操作所进行的修改。单击关闭按钮关闭对话框，将放弃本次修改操作。

【任务实施】

1. 组织形式

学生自主学习基础性知识，并分组讨论用户管理的相关操作。学生进行相关技能展示，教师进行评价。

2. 设备准备

开启铁道实训设备，开启 ATS 信号系统，确保沙盘信号系统正常。

3. 学习方法

（1）学习，讨论用户管理的相关知识，教师指导、学生讨论、组间互评。

（2）教师提出问题，各小组进行测试，要求学生快速地完成操作。

【知识链接】

一般用户与管理员权限对比汇总表		
	一般用户	管理员
浏览	能	能
添加用户	不能	能
删除用户	不能	能
更改信息	不能	能
更改当前用户信息	能	能
更改工作时间	不能	能
完成存储	能	能

项目二

助理调度系统

【项目描述】

由于轨道交通是复杂的系统，在列车调度指挥工作中，需要工作人员、设备、环境和管理等多方面的共同配合才能保证列车的正常运营。

助理调度系统是 CTC 的重要组成部分，其在整个系统中有着举足轻重的作用。本项目主要学习助理调度系统的功能和操作知识。

【学习目标】

1. 能够明确助理调度系统各部分的功能。
2. 能够理解涉及助理调度系统的相关理论和知识。
3. 能够熟练掌握助理调度系统的操作方法。

【能力目标】

1. 能够掌握助理调度员岗位的基本操作技能。
2. 能够掌握助理调度员的岗位职责。

【德育目标】

1. 明确岗位职责，增强工作责任心。
2. 产生学习兴趣，增强学习主动性。

任务一　助理调度系统认知

【学习情境】

在实训室内进行理论与实践一体化教学，同时利用沙盘、多媒体手段进行辅助教学。

【任务描述】

（1）掌握助理调度系统的登录、退出操作。
（2）了解交接班的相关规定。
（3）熟悉助理调度系统的主界面。

【知识准备】

一、系统登录、退出、交接班功能

（一）登录

助理调度系统登录界面如图 2-1 所示，须输入下列内容。

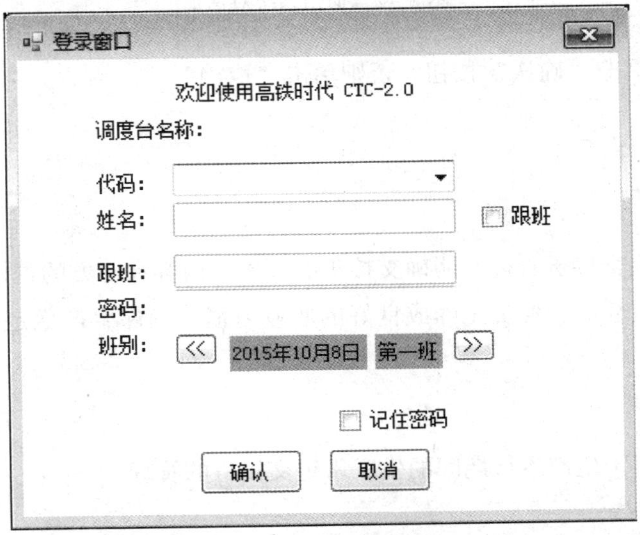

图 2-1　助理调度系统登录界面

（1）代码。若代码输入正确，则自动在下一栏显示用户的姓名。

（2）密码。

代码和密码是由系统的维护人员事先设定的，每一个调度员都有一个唯一的代码，代码和密码代表调度员的身份。必须正确输入代码和密码才能进入程序，代码输入错误时，程序会提醒"此用户不存在，请重新输入"，同时每个代码是有相应权限的，如果代码和权限不匹配，程序会提示"用户代码和权限不匹配，请重新输入"。如果输入的密码错误，程序也会提示重新输入。如果有跟班调度员，则在跟班输入框中输入跟班调度员的姓名。

在班别中确认日期和班次是否正确，在正常情况下，日期和班别会自动循环，但必须确认班次正确后才能进行下一步操作。修改班次可以用鼠标点击两端的键进行，日期和班次栏中，第一班用灰色底色显示日期和班次，第二班用红色底色显示日期和班次。修改班次时，日期和班次的变换顺序：第一班 → 第二班 → 另一日期。

最后，单击确定，系统会自动进入站场图显示界面。

（二）退出

在主菜单的功能菜单中，有退出选项，单击此选项出现退出系统对话框。退出系统对话框如图 2 - 2 所示。

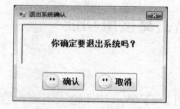

图 2 - 2　退出系统对话框

确认退出，则单击"确认"按钮，否则单击"取消"。

（三）交接班

1. 目的

为规范生产班组交接班管理，明确交接班的方法、内容和双方的责任和权利，提高员工的工作效率和工作责任心，使员工养成良好的职业习惯，确保生产稳定、连续、安全运行，特制定交接班制度。

2. 适用范围

交接班制度适用于生产运行期间的生产班组交接班的管理。

3. 职能分工

生产管理部门负责交接班的管理。

4. 定义

交接班制度所指的交接班，是指上一生产班组在完成工作即将下班，下一生产班组即将上班，两个班组进行工作交接的过程。

5. 交接班程序与内容

1）交班准备

（1）全面检查：交班班组员工在交班前1 h在保证正常生产的同时，必须对本岗位设备运行、生产操作、公用工具等进行一次全面检查。

（2）做好交接记录：交班前20 min将本班生产、卫生、工具等检查情况真实、详细地记录在《交接记录表》上。

2）接班准备

（1）准时到岗：接班人员应提前到达公司，按规定要求穿戴好劳动防护用品到达自己的岗位，保证有足够的时间了解本班工作任务和本岗位工作情况，并进行预先检查，一般要求提前10~15 min到达岗位。

（2）检查签字：接班班组人员到达各自岗位后，查看交接班记录，认真听取并询问交班者介绍，进入现场对相关机械设备运行、操作、卫生、工具、安全等情况，进行逐项检查，重点生产部位要重点检查，一点一点地交接，重要的生产数据一个一个地交接，重要的工具一件一件地交接。应特别注意将发现的问题和处理情况，以及注意事项交接清楚，接班人员对以上内容核对无误，符合交班规定的条件，向接班的当班班长报告、确认后，方可在记录表上签字，然后由接班班长召开班前（后）会，听取各岗位人员汇报后再布置任务和指出交接班中应注意的事项。

3）召开班前会

（1）召开班前会时间：交班班组下班时间之前10 min，接班班长应组织全体班组成员开班前会（10 min内）。

（2）班前会地点：车间内。

（3）会议主持：接班班长。

4）班前会过程

（1）接班班组员工在车间集合列队召开班前会。

（2）接班班长点名、考勤。

（3）交班班长作交班报告。

（4）生产部门或相关专业管理人员作指示或简短培训。

（5）接班班长安排本班生产任务与生产注意事项。

（6）接班班长（或班组安全员）强调安全生产的有关事项。

（7）接班人员无异议后，接班班长宣布同意接班，班前会结束，各岗位人员签字接班。

（8）接班者未签名视为未接班，签名后视为接班，交接中出现异议的，由双方班长协商解决。

（9）交接班手续完成后，由交接双方班长填写交接班记录，对交接班情况进行详细记录，并由双方签字，以便查考。必要时，交接双方班长还应各自召集本班人员开班前会和班后会，提出安全生产要求或进行班后总结。

6. 交接班内容与要求

交班者在交接前应认真检查各工艺控制点和设备运转情况，并认真填写交班记录，主动向班、组长汇报生产情况，交班时应在现场详细、如实地向接班者介绍生产情况，做到："十交、十不交"。

1）"十交"内容及要求

（1）交生产进度完成情况：交本班生产、工艺指标、产品质量、产量入库和任务完成情况。

（2）交设备运行情况：当班期间设备开、停时间，停机原因。若遇设备故障，则必须说明故障的发生时间、原因、处理情况、遗留问题及其他注意事项。交接中对重要的岗位、关键的设备及有关安全附件，仪表运行、使用及保养情况等要逐一交代，不可疏忽。

（3）交安全：交当班安全（包括人身安全）、环保、事故情况。不安全因素（不正常情况）排查及已采取的预防措施和事故（包括事故隐患）处理情况。

（4）交公用工器具：认真交接清点工具、用具和各种消防、防护器材，确保数量齐全、清洁完好并检查其是否损坏，工具损坏或遗失要详细说明原因。

（5）交工艺指标过程控制情况：重要的数据、重要的工艺指标、执行控制经验和注意事项，以及为下一班所做的准备工作要认真交接。

（6）交台账记录：检查原始记录是否正确、清楚、完整。

（7）交接生产线上存放的原、辅材料是否与生产任务单要求使用的材料相符，以及产品质量及存在的问题。

（8）交接上级文件、通知、通报、指令等有关内容。

（9）交卫生：交接岗位区域环境卫生和设备卫生情况。

（10）交接设备、管道等部位跑、冒、滴、漏情况。

2）"十不交"内容与要求

（1）生产不正常或事故隐患不明、未处理完不交接。

（2）设备维护不好或情况不明不交接。

（3）岗位责任区内未清扫，不得交接。

（4）原始记录不全、不齐、不准、不清楚不交接。

（5）指标任务未完成，未完成的原因不清不交接。

（6）遇事故正在处理或正在进行重要操作时，不得交接。交接班时发生事故或其他重大事项，应待事故处理完毕、设备运转正常后才能交接（但可以在事故告一段落时，经领导批准，进行交接）。

（7）接班人酒后上班或精神状态严重不佳的，不得交接。

（8）接班人员未到岗的，不得交接。

（9）工具、用具、仪器、仪表不齐全或未清理、未点清不交接：工具损坏或遗失要详细说明原因，分清责任，并按有关规定办理赔偿手续。

（10）交接任何一方不签字的，不得交接。

7．交接班注意事项

1）对口交接

交接班员工应做到坚持原则、发扬团结协作的风格。交接班均需本人进行交接，不得委托他人。接班人员与交班人员到齐后，由交班班长和接班班长、各岗位交班组长与接班组长、交班组员与接班组员相互对口交接。

2）交接事项

用记录和口述方式，真实、详细地向接班者交清当班安全、环保、生产和设备运行状况、操作体会、注意事项，发现的问题或隐患，主管指示等，如当班有事故或异常情况发生过，必须要讲解事故或异常情况发生经过、可能的原因、事故损失情况、事故的处理情况和经验教训等内容，交班者应在现场介绍清楚。交班者应如实向接班者反映生产状况，接班者应认真、仔细检查各方面是否正常。

3）"五清"和"两交接"

交接班时应谨慎细致，应该看到的就要看到；应该听到的就要听到；应该用手摸到的就要摸到。交接时应做到"五清"和"两交接"。

（1）"五清"：看清、讲清、问清、查清、点清。

（2）"两交接"：现场交接和实物交接。

①现场交接指现场设备（包括二次设备）经过操作方式变更或检修的，要在现场交接清楚。

②实物交接指具体物件如文件通知、工具、用具、仪器、仪表等物件要交接实物，不能只进行账面交接。

4）接班未明事宜

在交接班过程中，接班人员对现场检查、台账记录、生产操作经验和方法、事故的原因、安全生产、质量、设备、环保等相关的内容提出异议，交班人员应一一解答，对达不到交班条件的应及时整改，特殊情况整改后仍达不到交班条件时，应向上级汇报，协商解决。问题未解决前交班班长和相关岗位人员不得离开岗位，应继续处理遗留问题，接班者先接受本岗位争议工作外的其他工作，并有义务配合、协助交班者共同处理遗留问题。

5）接班离岗

（1）在接班人员未正式接班前，交班人员不得离岗，应在接班人员检查完毕并正式签字接班后，交班人员方可离开岗位，之后发生的问题由接班者负责。

（2）交班者如有故障未处理完毕，需接班人员同意方可离岗，如有疑问应立即向接班班长汇报。

（3）若在规定交班时间内接班人员未能按时到岗接班，交班人不得离开岗位，但责任应由接班人员负责。交班班长可向上级请示同意后进行交接班，但接班岗位的人员安排由双方班长协商解决。一般情况由交班人员继续顶岗，直到接班人员到岗。特殊情况下，可由主管领导指定接班班长临时顶岗。

8. 交接班责任追究

（1）交班人员如有遗漏问题没交代（指接班时不易发现的问题）而产生的事故由交班人员负责。

（2）交接班前发生或发现的问题应由交班者负责，接班后发生和发现的问题应由接班者负责。

（3）交接班的内容一律以交接班记录为准，凡遗漏应交代的事情，由交班者负责；凡未认真查看、理解交接班记录，或对自己不清楚的事项又不及时询问的，由接班者负责；交接班双方都没有履行交接班手续的，双方都应负责。

（4）若岗位交接不符合规定，接班者可拒绝签名，同时汇报给班长，问题解决后，交班者才可下班，接班者应迅速将生产恢复正常。

（5）接班人员在交接班检查过程中，马虎了事，未发现交班人员的记录与现场不符，且已经签字同意接班的，除有明显证据证明为上班责任的情况外，原则上所有责任由接班人员承担。

（6）接班人员在接班后操作有误出现的不良后果由接班者承担责任。

（7）接班者发现交班者有故意隐瞒事故或异常情况之嫌，证据确凿的，但接班者已接班，接班后又发生了不良后果的，由交班者承担责任。

（8）交接班有分歧时，尽可能由两班班长协商解决，有异议且可能对生产有严重影响、确有重大原则问题争执不下的，可直接向主管领导汇报，主管领导应及时处理。

（9）交班过程中严禁推诿扯皮、故意刁难或拖延时间。

（10）特种设备、附属设备在有条件的情况下要以试运行的方式来检查、验收。

9. 交接记录

（1）各岗位必须按要求设置交接班记录本，为方便管理，交接班记录本的格式及纸张大小，由生产技术部统一规定和配置。各岗位的交接班记录本应放置在较明显和固定的地方。

（2）岗位交接班记录本应认真按要求填写，格式力求简捷，文字表达力求清楚、详尽，以免产生歧义，各交接班员工不得敷衍塞责，马马虎虎。

10. 交接生产

各岗位员工在完成交接工作后，应立即投入到生产工作中去，不得做私事，更不得以各种理由来拖延时间。

11. 监督、检查与考核

（1）生产管理人员与有关专职管理人员不定期参加和抽查交接班工作，监督、检查交接班制度落实情况并及时规范其要求、程序及内容。对交接班工作存在的问题要及时予以解决。在检查交接班的同时，还应检查员工的劳动纪律、安全操作情况、着装情况等。

（2）班长对本班交接班是否到位负主要责任，副班长、组长负连带责任。

（3）交班不清而私自下班的，按早退处罚。

（4）交接班记录填写不规范或提前填写的，处以罚款。

（5）因交接班不清造成事故或重大事故隐患的，按事故责任追究办法加重处罚。

（6）对于在交接班过程中有违规行为的，根据《安全生产责任考核制度》《生产班组考核管理规定》《生产员工考核管理规定》给予相关人员处罚。

12. 交接班制度流程

交接班制度流程图如图 2 – 3 所示。

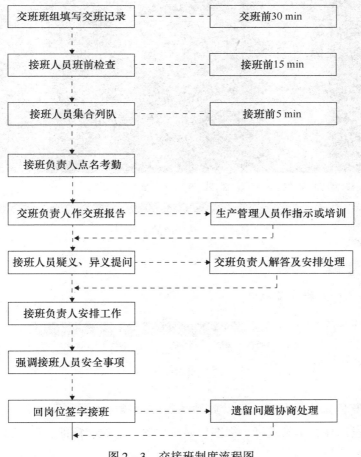

图 2 – 3　交接班制度流程图

二、主界面

1. 站场图

站场图的主界面如图 2-4 所示，整个界面分为以下几个部分。

（1）标题栏与菜单栏。

（2）主工具条。

（3）站选条。

（4）站场图显示。

（5）CTC 操作按钮条。

（6）进路序列。

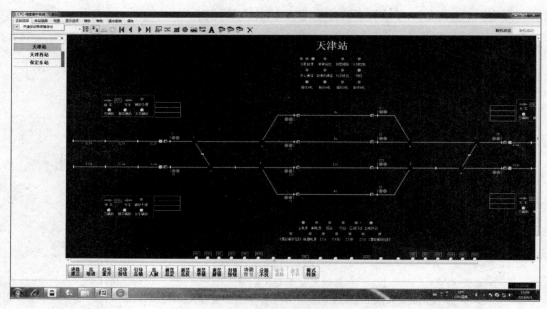

图 2-4　站场图的主界面

2. 标题栏和菜单栏

图 2-5 所示为标题栏和菜单栏。

图 2-5　标题栏和菜单栏

界面顶部（蓝色）为标题栏，显示此站场图的标题。标题栏下面是菜单栏，菜单栏包括以下菜单：区段选择、车站选择、视图、显示选项、缩放、帮助、退出系统、调车。

1）区段选择

如图 2-6 所示，在下拉菜单中选择相应区段，当前区段呈灰色并有选择标识。

图 2 – 6　区段选择

2）车站选择

车站选择对于单站画面和区段画面有着不同的效果，在单站画面中选择车站时，站场图将会切换到相应站的站场图，而在区段画面中选择车站时，所选车站只能居于屏幕中央。

如图 2 – 7 所示，首站、尾站这两个选项可以方便、快速地显示当前区段中的首站、尾站，前站、后站这两个选项则可以浏览当前站的前一站和后一站。

图 2 – 7　车站选择

3）视图

视图如图 2 – 8 所示。

（1）主工具条：显示或隐藏主工具条。

（2）CTC 按钮条：显示或隐藏 CTC 按钮条。

（3）选站工具条：显示或隐藏选站工具条。

（4）区段画面：切换到区段画面。

（5）单站画面：切换到单站画面。

（6）进路序列：显示或隐藏进路序列窗口。

（7）全屏显示：站场图全屏显示。

图 2 – 8　视图

4）显示选项

显示选项菜单用于控制站场图界面上元素的显示和隐藏，以便更好地观察站场信号设备状态和变化。如果选项前打钩表示该类型的信号设备或窗口处于显示状态，否则处于不显示状态。

显示选项如图 2-9 所示。

图 2-9　显示选项

（1）文字。

单击文字这个选项后会出现图 2-10 所示的对话框。

我们可以选择需要在站场图上显示的文字。

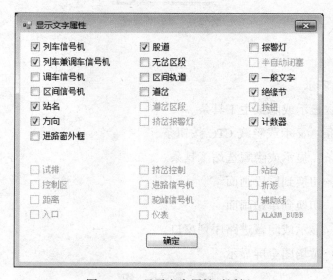

图 2-10　显示文字属性对话框

（2）绝缘节、列车按钮、调车按钮、进路窗和车次窗位置。

单击这几个菜单可以在站场图上显示/隐藏相应的图标。

5）缩放

缩放如图 2-11 所示。

缩放包括站场图缩放和车次窗缩放。

要放大站场图时可以单击所要放大的区域，或按下鼠标左键不动，同时移动鼠标，在屏

图 2-11　缩放

幕上会出现虚线框，虚线框内选中要放大的站场部分，松开鼠标就可以在屏幕上显示放大的被选站场图。

单击放大/缩小车次窗也可以完成车次窗的缩放操作，还原车次窗则可以使车次窗恢复为初始大小。

站场图全景显示可以将当前区段内的所有站场画面显示在屏幕上，此时当前区段所有站的站场画面都可见。

6）退出系统

单击缩放系统后弹出系统退出确认对话框。

确认退出，则单击"确认"按钮，否则单击"取消"按钮。

【任务实施】

1. 组织形式

学生在自己的实训工作站进行操作，每一个功能的操作方法都要熟练掌握，达到提及某一功能可以迅速完成操作的程度，教师根据学生操作情况进行评价。

2. 设备准备

开启铁道实训设备，开启 ATS 信号系统，确保沙盘信号系统正常。

3. 学习方法

（1）学习、讨论助理调度系统的相关知识，教师指导、学生讨论、组间互评。

（2）教师提出问题，各小组进行测试，要求学生快速地完成操作。

任务二　助理调度系统操作

【学习情境】

在实训室内实施理论与实践一体化教学，利用沙盘、多媒体手段进行辅助教学。

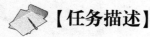

【任务描述】

（1）掌握操作助理调度系统前须了解的相关概念。
（2）掌握助理调度系统的操作流程。

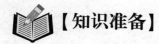

【知识准备】

一、相关概念

1. 区段画面

区段画面中的区间信号采用四显示方式进行显示。站内进路锁闭时，用白光带来显示。当区段或区间被占用时，用红光带来显示，信号机开放用绿灯来显示。

站间区间：指两相邻车站之间的区间。

单线站间区间：进站信号机柱中心线间的线路空间。

双线或多线站间区间：各线的进站信号机柱（或站界标）中心线至站界标（或进站信号机柱中心线）间的线路空间。

2. 区间概念

区间有不同的分类，我们把车站与车站之间的区间叫作站间区间，把车站与线路所之间的区间叫作所间区间，把自动闭塞区段上通过色灯信号机之间的区间叫作闭塞分区。

在长长的铁路线上，为了保证行车安全和必要的线路通过能力，需要把每一条铁路划分成若干个长短不一的段落，一般为 10 km 左右，这些段落被称为区间，段落与段落之间设置车站。

3. 分界点概念

车站除了设有正线以外，还配有到发线、牵出线等其他线路，所以我们把各种车站称为有配线的分界点。既然如此，当然就有无配线的分界点，这就是非自动闭塞区段在两个车站间设置的线路所，以及自动闭塞区段为在两车站间划分成若干个闭塞分区而设置的色灯信号机。这里的线路所和色灯信号机就是无配线分界点。

一个区间只能允许一列列车运行，否则就会发生列车相撞或追尾事故。车站就是相邻区间的分界点，设置车站既是为了方便旅客的上下车，货物的运进运出，也是为了给列车的会让提供处所。由此可见，区间和分界点是组成铁路线路的基本环节。

4. 闭塞技术历史

19 世纪 40 年代以前，列车运行以"时间间隔法"来保证安全，即每趟列车发出后，间隔一段时间才发出后一列车，但是这种方法无法防止列车因晚点或故障停车导致运行时间与运行图相差较大时容易发生的追尾事故。

1842 年英国发明的"空间间隔法"，以两车之间相隔一段距离的方法来保证安全，其可被视为是现代闭塞技术的雏形。

5. 闭塞方式分类

铁路的闭塞方式可分为人工闭塞、半自动闭塞、自动闭塞和移动闭塞。

1）人工闭塞

人工闭塞是以人工记录列车的运行位置和控制色灯信号机的闭塞方法。在发车前，接发车双方的车站或线路所共同确认闭塞区间处于空闲状态，然后发车的车站或线路所使用路签机、路牌、路票等记录本段区间已经被占用，并把占用信息通过电话、电报等手段通知接车的车站或线路所。接车的车站或线路所有责任在列车到达后检查车辆到达编组是否完整，是否有部分车厢滞留在区间未到达。在列车到达前，发车车站应阻止后续运行的列车进入这一区间，接车车站应阻止反向运行的列车进入这一区间。

2）半自动闭塞

半自动闭塞是以人工确认区间空闲，发车后由轨道电路判断车辆进入区间后，自动把区间设置为占用状态的闭塞方法。此种闭塞需人工办理闭塞手续，列车凭出站信号机的显示进行发车，列车发出后，出站信号机能自动关闭，所以叫半自动闭塞。

车辆进入区间后，轨道电路会联锁控制色灯信号机，把占用信息通知双方车站。车辆到达后，仍需要人工检查车辆到达情况，由人工把区间状态复原为空闲状态。

3）自动闭塞

自动闭塞是以计轴设备自动计算进入该区间的车轴数目和离开该区间的车轴数目，从而自动判断区间空闲状态的闭塞方法。

通过色灯信号机可以自动变换显示，列车凭信号机的显示行车，这种闭塞方法完全是自动控制的，不需要人工操纵，故叫作自动闭塞。车辆进入或离开区间将自动控制色灯信号机的状态。

4）移动闭塞

移动闭塞是基于区间闭塞原理发展起来的一种新型闭塞技术。它根据实际运行速度、制动曲线和进路上列车的位置，动态计算相邻列车之间的安全距离。根据当前的运行速度，后续列车可以安全地接近前一列车尾部最后一次被证实的位置，直至两者之间的距离不小于安全制动距离。由此可见，它与固定闭塞相比，最显著的特点是取消了以信号机分隔的固定闭塞区间，列车间的最小运行间隔距离由列车在线路上的实际运行位置和运行状态确定，所以闭塞区间随着列车的行驶，不断地向前移动和调整。在移动闭塞技术中，闭塞区间仅是保证列车安全运行的逻辑间隔，与实际线路并无物理上的对应关系。移动闭塞在设计和实现上与固定闭塞有比较大的区别。移动闭塞一般采用无线通信和无线定位技术来实现。

目前，我国铁路上采用的自动闭塞主要有单线双向自动闭塞（在线路两侧均设有通过色灯信号机）和双线单向自动闭塞（每条线仅一侧设信号机）。

采用半自动闭塞时，列车占用区间的凭证是出站信号机（线路所是通过信号机）的显示。出站信号机不能任意开放，它受半自动闭塞机的控制。只有当区间空闲，办理了手续后，出站信号机才能开放。还应注意，出站信号机既要防护列车区间运行的安全，又要防护出发列车在站内运行的安全，所以它既要受闭塞机的控制，又要受车站联锁设备的控制。

两个区段站间采用自动闭塞法，称为自动闭塞区段；采用半自动闭塞法，则称为半自动闭塞区段。

二、操作流程

如图 2 – 12 所示，在菜单栏的下面有一个主工具条，此工具条作为操作菜单选项的快捷方式。

图 2 – 12   主工具条

（1）区段选择如图 2 – 13 所示。

图 2 – 13   区段选择

（2）车站选择如图 2 – 14 所示。

图 2 – 14   车站选择

（3）▐▤ 为切换到区段画面。

（4）▐ 为切换到单站画面。

（5）▢ 为区段画面与单站画面层叠。

（6）⚠ 为显示或隐藏进路序列窗口（该功能只有在单站画面时有效）。

（7）◀◀ ◀ ▶ ▶▶ 为首站、前站、下站和尾站按钮。

（8）▥ 为显示文字属性按钮。

（9）⊣⊢ 为显示或隐藏绝缘节。

（10）▬ 为显示或隐藏列车按钮（即接发车和通过按钮）。

（11）● 为显示或隐藏调车按钮。

（12） 为显示或隐藏进路窗，进路窗为 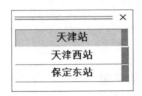 。

（13）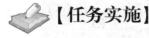 为放大、缩小和还原车次窗。

（14）✕ 为退出程序。

（15）▣ 为全屏显示。

（16）在主工具栏的最右面显示 GPC 与主机服务器的联机状态：

①网络连接成功时，显示为 **联机状态**　　联机成功 。

②网络连接中断时，显示为 **联机状态**　　联机失败 。

站场图左边的站选条如图 2 - 15 所示。

✕
天津站
天津西站
保定东站

图 2 - 15　站场图左边的站选条

站选条上显示的是当前区段中的所有车站，单击某个车站的按钮，站场图即会显示所选车站的画面，同时被选中车站的按钮变为浅蓝色。按钮右边竖条的颜色所表示的车站的控制模式如表 2 - 1 所示。

表 2 - 1　按钮右边竖条的颜色所表示的车站的控制模式

颜色	控制模式
红	站死
绿	分散自律（车站调车方式）
蓝	中心控制（集控站方式）
黄	车站控制（大站方式）
灰	非常站控（联锁控显机控制）
白	TDCS 车站或状态无权获取

【任务实施】

1. 组织形式

学生在自己的实训工作站进行操作，每一个功能的操作方法都要熟练掌握，达到提及某一功能可以迅速完成操作的程度，教师根据学生操作情况进行评价。

2. 设备准备

开启铁道实训设备，开启 ATS 信号系统，确保沙盘信号系统正常。

3. 学习方法

（1）学习、讨论助理调度系统的相关知识，教师指导、学生讨论、组间互评。
（2）教师提出问题，各小组进行测试，要求学生快速地完成操作。

任务三　助理调度系统站场图

【学习情境】

在实训室内进行理论与实践一体化教学，同时利用沙盘、多媒体手段进行辅助教学。

【任务描述】

（1）了解助理调度系统站场图的界面。
（2）掌握与助理调度系统站场图相关的操作知识。

【知识准备】

1. 区段界面

图 2 – 16 所示为区段站场图界面，其中区间信号有 4 种显示方式。站内进路锁闭时，用白光带来显示。区段或区间被占用时，用红光带来显示，信号机开放用绿灯来表示。在站名下面有状态表示灯，默认显示是灰色。

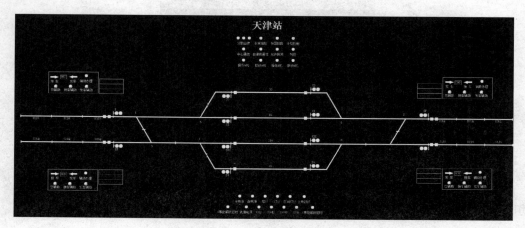

图 2 – 16　区段站场图界面

分散自律文字下面的三个灯分别表示调度中心控制模式、分散自律（车站调车控制模式）、车站控制模式，灯为绿色时表示车站处在相应的控制模式下。非常站控灯为红色时表示当前站处于非常站控状态。同一时刻，控制模式灯最多只能亮一个。

自律机通信灯表示自律机本身的状态，当自律机状态良好时，此灯会闪烁。当此灯长时间不闪烁时，表明系统故障，须及时与维护人员联系。

进路控制灯为绿色时表示按图排路，为黄色时表示手工排路。

计划约束灯为绿色时表示排路需要和计划比较，为灰色时表示不比较。

其中"计划约束"和"按图排路"功能可以通过 CTC 工具条上的"状态选择"按钮来选择是否需要此功能。

在车站的出入口有四个进路窗（见图 2-17），分别表示即将办理的上下行方向的进路序列。

图 2-17　进路窗

进路窗中计划第一趟办理的列车有"＊"标识，其排列的顺序由进路序列的"开始时间"决定，如果是自动触发则后面的接发车股道为黄色，如果没有自动触发则接发车股道为红色，进路已经触发的列车接发车股道为绿色。

2. 单站界面

单站界面如图 2-18 所示。

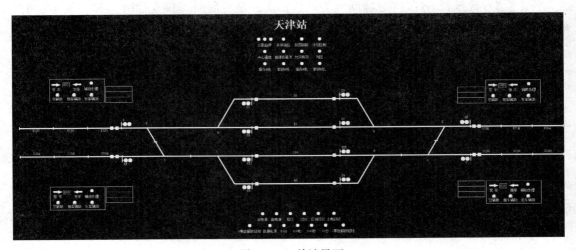

图 2-18　单站界面

单站界面与区段界面中的车站站场图略有区别，在单站界面的站名下面，也有一些状态表示灯（见图 2-19）。

图 2 - 19　状态表示灯

中心通信灯表示本机与车站自律机的通信状态，当通信良好时，此灯每隔一小段时间就闪烁一下，颜色为绿色。

允许转回灯呈黄色时表示车站可从非常站控模式转到分散自律。

在 C2/C3 区段，⬛列控亮绿灯时表示 CTC 与列控通信正常，亮黄灯时表示列控未初始化，亮红灯时表示 CTC 与列控通信故障。

在单站画面的出入口处有图 2 –20 所示的方框。

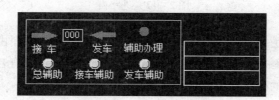

图 2 - 20　出入口处方框

各个 ⬤ 为状态表示灯，"总辅助"为计数标志，是对后面"接车辅助"和"发车辅助"按钮操作次数的计数。

在站场图股道的两侧，用如下标记表示高低站台：

⬛⬛⬛⬛⬛⬛（粉框）代表高站台；

⬛⬛⬛⬛⬛⬛（绿框）代表低站台。

3. 车次号概述

中国铁路车次编号可以区别不同方向、不同种类、不同区段和不同时刻的列车。为每一列车编排一个标识码，此标识码即车次。车次用阿拉伯数字表示，客车车次常在阿拉伯数字前，加上列车种类名称的汉语拼音的首字母。

为了保证行车安全，维护运输秩序和车次编码的规范化，铁路部门规定，全路向北京，支线向干线或指定方向的为上行方向，车次编为双数；反之为下行方向，车次编为单数。

（1）高速动车组旅客列车（G 字头）。

"G"读"高"，表示高速动车组旅客列车，编号 G1 ~ G9998。

其中：跨局 G1 ~ G5998，管内 G6001 ~ G9998。

（2）城际动车组旅客列车（C 字头）。

"C" 读 "城际"，表示城际动车组旅客列车，编号 C1 ~ C9998。

其中：跨局 C1 ~ C5998，管内 C6001 ~ C9998。

（3）动车组旅客列车（D 字头）。

"D" 读 "动"，表示动车组旅客列车，编号 D1 ~ D9998。

其中：跨局 D1 ~ D5998，管内 D6001 ~ D9998。

（4）直达特快旅客列车（Z 字头）。

"Z" 读 "直"，表示直达特快旅客列车，编号 Z1 ~ Z9998。

直达特快旅客列车在行程中一站不停或者经停极少数站，这类列车全部都是空调列车。所有的直达列车都是跨局运营列车。这类列车是从 2004 年 4 月 18 日铁路第五次提速后才出现的，以前虽然也有过直达列车，但都混编在特快列车车次里。

（5）特快旅客列车（T 字头）。

"T" 读 "特"，表示特快旅客列车，编号为 T1 ~ T9998。

其中：跨局 T1 ~ T5000，管内 T5001 ~ T9998。

特快旅客列车，简称特快列车，其最高时速 140 km。跨局特快全程只停省会城市、副省级市和少量主要地级市车站。这类列车的车底一般都是 25K（蓝皮车），因为 25K 的停产，所以新开行或改换车底的特快列车开始采用 25T 车底。

（6）快速旅客列车（K 字头）。

"K" 读 "快"，表示快速旅客列车，编号为 K1 ~ K9998。

其中：跨局 K1 ~ K6998，管内 K7001 ~ K9998。

快速旅客列车，简称快速列车，其最高时速 120 km。这样的列车在行程中一般只经停地级城市以上车站（也经停重要的县级城镇车站）。

（7）普通旅客列车（普客）。

普通旅客列车编号为 1001 ~ 7598，其中编号 1001 ~ 1998 为跨三局及以上的长距离普通旅客列车。

（8）通勤列车。

通勤列车编号为 7601 ~ 8998，此类列车通常用于铁路职工和周边居民上下班，列车 "站站停"。

（9）临时旅客列车（L 字头）。

"L" 读 "临"，表示临时旅客列车，编号为 L1 ~ L9998。

其中：跨局 L1 ~ L6998，管内 L7001 ~ L9998。

在客流高峰期开行的临时旅客列车，停靠县级以上车站。此类列车一般在春运、暑运、国庆长假开行。

（10）旅游列车（Y 字头）。

"Y" 读 "游"，表示旅游列车，编号为 Y1 ~ Y998。

其中：跨局 Y1～Y498，管内 Y501～Y998。

（11）城郊专运客车（S 字头）。

只有北京、上海等城市开行了城郊专运客车，S1～S900 为北京局使用，S1000 以上为上海局使用。

4. 列车进路序列调整

列车进路序列调整窗在站场图下方，列车进路序列调整窗主要分为"列车进路序列"和"调车进路序列"两部分，左边为操作区域，右边为进路序列操作的报警提示区域。图 2 – 21 所示为列车进路序列调整窗。

图 2 – 21　列车进路序列调整窗

1）列车进路调整窗

列车进路调整窗主要接收运行图下发到自律机的计划进路。列车进路调整窗如图 2 – 22 所示。

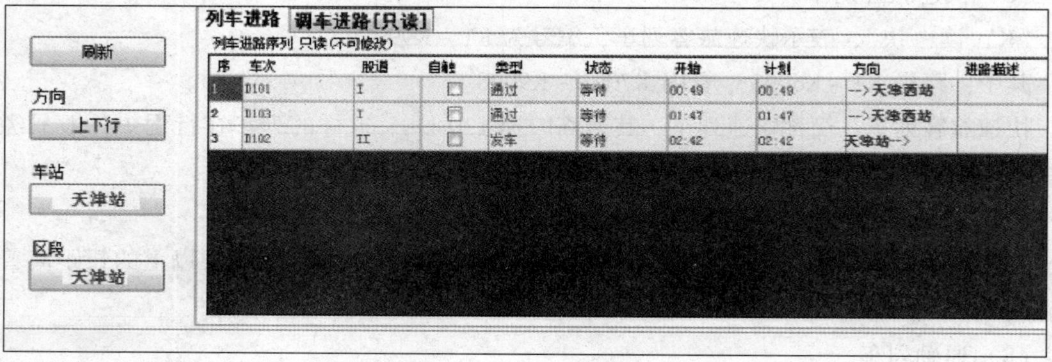

图 2 – 22　列车进路调整窗

图 2 – 22 中的"自触"是否被选择表明进路是自动触发的还是需要人工触发的，"类型"表明进路是接车进路、发车进路还是通过进路。"状态"表明进路是等待触发还是已触发完成。进路的状态用不同的颜色表示，其中：计划进路用黄色表示，正在办理和已经办理好的进路用绿色表示，已经出清的进路用灰色表示。

（1）进路范围：在联锁中，对于进路的范围，或者说对进路的始端和终端必须十分明确，才能正确地表明信号机的防护范围，才能表明哪些道岔、哪些轨道区段与进路有关，以及进路与进路之间的关系。当防护进路的信号机确定后，进路的始端就是信号机所在位置，但进路的终端需结合具体情况而定。

（2）基本进路与变通进路：根据站场线路配置情况，应考虑线路上两点之间有多种可能的运行方案，也就是说，进路始端和终端之间有多条进路可供选用，规定其中一条对其他作业影响较少的进路为基本进路，其余的为变通进路（或称迂回进路），列车、调车均如此。

（3）组合调车进路：根据调车作业需要，可能同时办理同向相连的几条调车进路，构成一条较长的调车进路，称该较长的进路为组合进路，习惯上称作长调车进路。相对于组合进路而言，构成组合调车进路的每条调车进路称作单元进路。

（4）敌对进路：当在两条进路上同时进行技术作业而造成车辆冲突事故时，则这两条进路是相互敌对的进路，称其中一条进路是另一条进路的敌对进路。

通常，我们把列车或调车车列在站内运行时所经由的路径称作进路。如按作业性质，进路大体上可分列车进路和调车进路两类。列车进路又可分为接车进路、发车进路、通过进路和转场进路。凡是列车进站所经由的路径叫列车接车进路；列车由车站发往区间所经由的进路叫发车进路；列车由车站通过所经过的正线接车进路和正线同方向发车进路组成的进路，叫通过进路；列车由车站的某一车场开往另一车场所经由的进路称转场进路。如果按方向来区分，调车进路又可分为接车方向的调车进路和发车方向的调车进路。

进路的性质，取决于作业的性质。因为客车上有旅客且行车速度高，故列车进路比调车进路更为重要，在技术要求上更为严格。以接车进路为例，列车由区间以最大允许速度驶向车站时，为了保证行车安全，需要了解：列车是否接近车站，是否允许接车，进站后列车经由直股还是弯股。这些信息通知司机的时机越早越好，因为它们不仅涉及行车安全，而且直接影响运输效率。

各种不同性质的进路，应由不同用途的信号机进行防护。如接车进路应由进站信号机防护，发车进路应由出站信号机防护，转场进路应由进路信号机防护；调车进路应由调车信号机防护等。根据进路的性质不同，不但这些信号机的显示和数目不同，且开放信号机所应满足的技术条件也不同。

2）划分原则

列车进路的划分原则如下。

（1）进路的始端一般是信号机。

（2）进路范围内包括道岔和道岔区段。

（3）一架信号机同时可防护几条进路，即它可作为几条进路的始端（如进站信号机、接车进路信号机等）。

（4）发车进路的终端可以是信号机、站界标及警冲标。

（5）调车进路和列车进路一样，也要有一定的范围（与列车进路相比更短些）。调车进路的始端是由防护该调车进路的调车信号机和出站兼调车信号机开始，终端则视具体情况而定。

3）建立过程

进路建立阶段可以进一步分解成若干个小的阶段或者进程。这些进程的划分并不是唯一的，但它们的执行顺序是符合进路控制过程要求的。这里把进路建立分解成进路选择、道岔控制、进路锁闭和信号控制四个阶段。

（1）进路选择。

进路选择的基本任务如下。

①检查操作人员的操作手续是否符合操作规范。如果符合操作规范，则可以从众多的进路中选取一条符合操作意图的进路。

②检查所选进路是否处于空闲状态，其敌对进路是否已事先建立。若进路空闲且敌对进路没有建立，则所选进路可以使用。

③对于选出的进路所涉及的信号、道岔和轨道电路（通称监控对象）分别设置征用标志，以防止其他进路使用（初步实现进路联锁）。

④将选出进路中涉及的监控对象及对监控对象的状态要求等记录下来，供以后联锁使用。

（2）道岔控制。

检查进路中各个道岔的实际位置与进路中所需的位置是否相符。如果不符，且道岔未处于锁闭状态，则生成道岔控制命令，将道岔转换到所需位置。

（3）进路锁闭。

当与进路有关的道岔位置符合进路需求、进路在空闲状态（即与进路有关的轨道电路在空闲状态），以及没有建立敌对进路等条件满足时，进路中各个轨道电路区段就处于进路锁闭状态了。对轨道区段内的道岔实现了进路锁闭，使其不能再被操纵，凡经由处于进路锁闭状态的区段的其他进路也不能建立，即实现了敌对进路锁闭。

应当指出，设置进路锁闭这一进程的目的是为下一步开放信号创造条件。另一个目的是万一信号由于某种原因而不能开放时，则可使用其他方式指挥列车或车列沿进路安全运行。

（4）信号控制。

在进路锁闭后可立即使防护进路的信号机开放，以指示列车或车列驶入进路。考虑到在信号开放期间，可能有非法车辆闯入进路，道岔的位置也可能因违章作业而改变，因此在信号开放期间，除了检查进路锁闭外，还需不间断地检查进路是否空闲和道岔位置是否正确，一旦发生异常现象，信号应立即关闭。一旦当列车驶入进路后，信号应立即关闭，而对于调车信号机来说，考虑到调车机车推送前进，所以规定车列整体进入信号机内方以后，信号才关闭。

一般情况下，车站的所有列车进路都会列出，可通过选择进路的上下行方向只列出上行进路、下行进路或上下行进路。

车次的编制和上行、下行有关，上行的列车车次为偶数（双数），下行的列车车次为奇数（单数）。如 T11 次是从北京开往沈阳北方向的，为下行所以是奇数（单数）的；它的返回车 T12 次是从沈阳北开往北京方向的，为上行，所以是偶数（双数）的。另外有的车在运行途中会因为线路上下行的改变而改变车次，例如 K388/385 次，是运行在沈阳北到成都区间的，从沈阳北始发是开向北京的，所以是上行，车次为 K388 次，车经停天津以后开始向离京方向行驶，改为下行，所以车次改为 K385 次。

如图 2-23 所示，单击区段和车站按钮可以选择相应车站的进路列表，也可选择区段。

如图 2-24 所示，单击车站按钮选择车站。

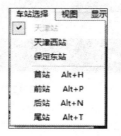

图 2-23　选择区段　　　　　　　　　　图 2-24　选择车站

4）修改列车进路的自触标记

如图 2-25 所示，用鼠标左键单击某条进路的"自触"选择框，在弹出的菜单中可以选择"自动触发"或"手动触发"。若选择了手动触发则进路的触发由人工掌握，重新下达计划后仍保持原来的手动触发标记。

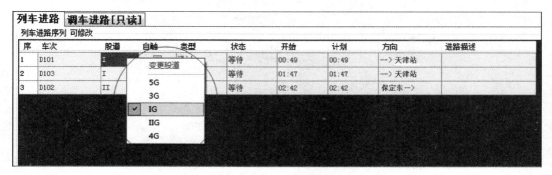

图 2-25　触发类型选择

5）修改列车进路的股道

如图 2-26 所示，用鼠标左键单击某条进路的"股道"选择框，在弹出的菜单中可以更改接发车进路的股道。进路序列中的股道更改后，运行图的股道也同步进行变更。

图 2-26　变更股道

6）列车进路序列的右键菜单

如图 2 - 27 所示，选中某条进路序列后单击鼠标右键，弹出"人工触发""删除""明细"选项。

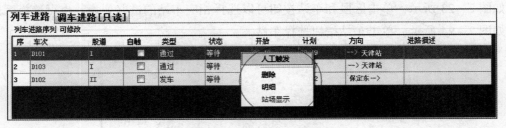

图 2 - 27　列车进路序列的右键菜单

【任务实施】

1. 组织形式

学生在自己的实训工作站进行操作，每一个功能的操作方法都要熟练掌握，达到提及某一功能可以迅速完成操作的程度，教师根据学生操作情况进行评价。

2. 设备准备

开启铁道实训设备，开启 ATS 信号系统，确保沙盘信号系统正常。

3. 学习方法

（1）学习、讨论助理调度系统的相关知识，教师指导、学生讨论、组间互评。

（2）教师提出问题，各小组进行测试，要求学生快速地完成操作。

项目三

行车调度台系统

【项目描述】

本项目重点介绍行车调度台系统概况，操作行车调度台系统完成基本调度工作，认知列车运行计划，操作行车调度台系统绘线、生成计划，认知行车调度命令，下达行车调度命令操作。

【学习目标】

学习行车调度台系统各按钮菜单及子菜单的操作。

【能力目标】

掌握行车调度台系统的功能。

【德育目标】

1. 明确岗位职责，增强工作责任心。
2. 产生学习兴趣，增强学习主动性。

任务一　行车调度台系统概况

【学习情境】

在实训室内进行理论与实践一体化教学，同时利用沙盘、多媒体手段进行辅助教学。

【任务描述】

（1）熟悉行车调度台系统界面及其各部分的功能。

（2）掌握国内外行车调度台系统的发展状况。

（3）了解行车调度台系统的特点。

【知识准备】

一、行车调度的基本概念

行车调度是铁路运输的行车组织、指挥工作。一般有两种组织列车运行的方式，即时间划分制和空间划分制。时间划分制是用时间的分隔来保障列车安全运行，空间划分制则是列车司机根据车站给予的一种凭证来指挥列车驶入区间。行车调度要制定行车路线，使车辆在满足一定的约束条件下，有序地通过一系列站点，实现路程最短、费用最小、耗时最少等目标。

二、行车调度系统的发展

随铁路运输事业的发展、列车数量的增加，为了对列车和车站作业进行统一协调指挥，铁路部门设置了行车调度员。电话、电报等通信手段，方便了相关人员了解列车运行情况和下达调度命令，这些通信手段提供了列车调度员、车站行车人员和列车乘务员之间直接对话的条件，从而克服了彼此分散在铁路沿线所导致的空间上的障碍，使行车调度员能够根据规定的时刻表来调整列车的运行。这种行车指挥方式是在人与人之间，通过语言描述，间接地了解情况后再作出的判断，因此有些调度员形容其为"看不见、摸不着情况下的指挥"。

为了改变这种状况，1927 年美国铁路首次采用能自动收集列车运行情况、车站信号设备状况，并能直接管理线路上道岔和信号机的调度集中系统，从而使行车调度工作水平产生了质的飞跃。行车调度系统可以使行车调度员能集中监视和控制列车运行，从而减少了人为因素的介入和干扰。

　　随着计算机技术的发展和应用，我们当下采用计算机在线实时监控系统，通过远距离的信息交换，实现对铁路沿线设备状态的监视和控制，使调度指挥工作由间接了解情况转变为直接监视和控制，从而大大提高了调度工作的工作质量并明显改善了行车调度员的工作环境。

　　行车调度系统示意图如图 3 − 1 所示。

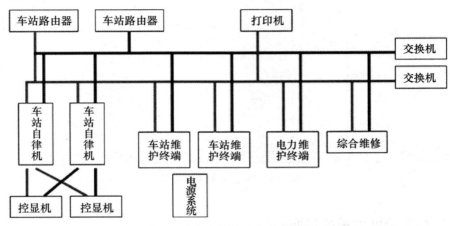

图 3 − 1　行车调度系统示意图

三、行车调度台系统

（一）行车调度台系统概述

　　行车调度台系统是 CTC 的子系统，是 CTC 的重要组成部分。行车调度台系统位于调度中心内，由行车调度员控制。行车调度员是本区段内行车工作的统一指挥者，指挥助理调度员通过 CTC 正确操纵所辖区段内各站信号设备；指挥综合维修调度员及时、正确地编发调度命令，并进行确认检查。行车调度员还要负责与计划、机调、客调等工种进行联系，及时、正确地在运行图上标注图表信息。

　　行车调度台系统主界面如图 3 − 2 所示。

（二）行车调度台系统的功能

　　通过使用行车调度台系统，可使相关调度人员完成日班计划制订、行车调度指挥、运行实绩图输出、历史数据查询、基本图浏览等功能并可通过系统完成主要日常工作。该系统提供了简单方便的操作方法、快捷便利的通信手段及高效的智能辅助调整功能，能有效减轻行车调度员的工作强度，使行车调度员有更多的精力及时间投入到调度方法优化的工作中去，从而提高调度工作的效率。

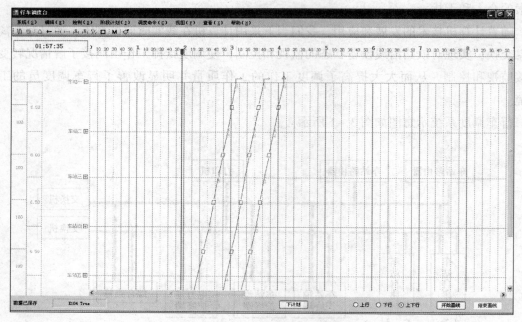

图 3 – 2   行车调度台系统主界面

（三）行车调度台系统界面

行车调度台系统界面包括：主菜单、工具栏菜单、其他菜单。

1. 主菜单

主菜单共有八个菜单：系统、编辑、绘制、阶段计划、调度命令、视图、查看、帮助。

1）系统菜单

如图 3 – 3 所示，系统菜单有 5 个按钮：接班、修改密码、系统设置、初始化系统、退出。

图 3 – 3   系统菜单的按钮

系统菜单中每种按钮的功能如下。

（1）接班按钮。

接班按钮用于行车调度员作交接班处理。

（2）修改密码按钮。

修改密码按钮提供修改密码功能。修改密码界面如图 3 – 4 所示。

图 3 – 4　修改密码界面

（3）系统设置按钮。

系统设置按钮可对运行图的显示和当前时间进行设置。系统设置界面如图 3 – 5 所示。

图 3 – 5　系统设置界面

（4）初始化系统按钮。

初始化系统按钮可将 CTC 各子系统的状态设置成系统启动之初的状态。初始化系统界面如图 3 – 6 所示。

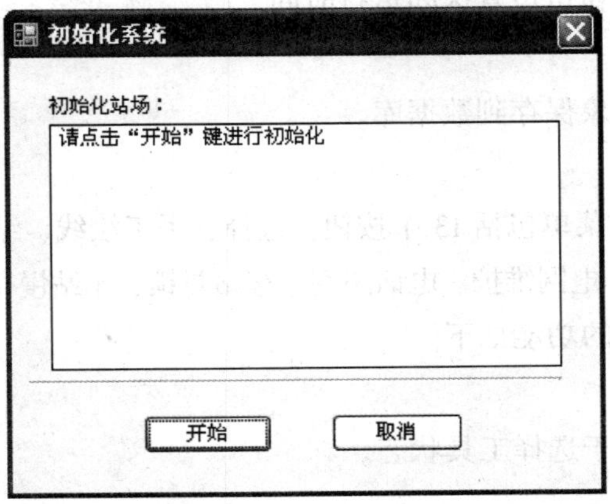

图 3 – 6　初始化系统界面

（5）退出按钮。

退出按钮用于退出本系统。

2）编辑菜单

如图 3 - 7 所示，编辑菜单有 6 个按钮：选择全部、查找列车、属性、删除、设置区间运行时间、保存。

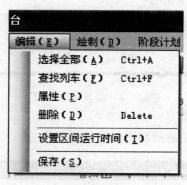

图 3 - 7　编辑菜单的按钮

编辑菜单中每种按钮的功能如下。

（1）选择全部按钮。

选择全部按钮可选择所有可见对象，即所有绘制对象。

（2）查找列车按钮。

查找列车按钮可用于自动定位到画线，并设置该画线为选择状态。

（3）属性按钮。

属性按钮可弹出被选中对象的属性对话框。

（4）删除按钮。

删除按钮可删除本班范围内所有被选中的对象。

（5）设置区间运行时间按钮。

设置区间运行时间按钮可设置区间运行时间。

（6）保存按钮。

保存按钮可将所有对象保存到数据库。

3）绘制菜单

如图 3 - 8 所示，绘制菜单包括 13 个按钮：选择、手工绘线、结束绘线、键盘收点、转实际、区间封锁、区间慢行、电网维护、电话闭塞、车站封锁、车站慢行、图标注释、摘挂注释。

绘制菜单中每种按钮的功能如下。

（1）选择按钮。

选择按钮可使系统处于选择工具状态。

（2）手工绘线按钮。

手工绘线按钮用于绘线。

图 3 - 8　绘制菜单按钮

（3）结束绘线按钮。

结束绘线按钮用于结束绘线。

（4）键盘收点按钮。

键盘收点按钮用于打开键盘收点窗口。

（5）转实际按钮。

转实际按钮可将选择的计划线转为实际运行线。

（6）区间封锁按钮。

区间封锁按钮用于绘制区间封锁符号。

（7）区间慢行按钮。

区间慢行按钮用于绘制区间慢行符号。

（8）电网维护按钮。

电网维护按钮用于绘制电网维护符号。

（9）电话闭塞按钮。

电话闭塞按钮用于绘制电话闭塞符号。

（10）车站封锁按钮。

车站封锁按钮用于绘制车站封锁符号。

（11）车站慢行按钮。

车站慢行按钮用于绘制车站慢行符号。

（12）图标注释按钮。

图标注释按钮用于绘制图标注释符号。

（13）摘挂注释按钮。

摘挂注释按钮用于绘制摘挂注释符号。

4）阶段计划菜单

如图 3−9 所示，阶段计划菜单包括 5 个按钮：生成图定天窗、生成图定计划、按班计划生成、下达计划、保存计划。

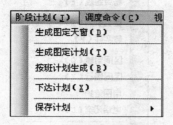

图 3−9 阶段计划菜单按钮

阶段计划菜单中每种按钮的功能如下。

（1）生成图定天窗按钮。

生成图定天窗按钮用于载入图定天窗。

（2）生成图定计划按钮。

生成图定计划按钮用于打开"生成图定计划线"窗口。

（3）按班计划生成按钮。

按班计划生成按钮用于载入班计划。

（4）下达计划按钮。

下达计划按钮用于打开"下达阶段计划"窗口。

（5）保存计划按钮。

保存计划按钮用于将当前计划保存到数据库中。

5）调度命令菜单

调度命令菜单在本项目后面的任务中进行具体介绍。

6）视图菜单

如图 3−10 所示，视图菜单包括 11 个按钮：刷新屏幕、显示车站状态、显示没报点车站、显示基本图、显示日班计划、显示正晚点、显示区间运缓、显示冲突、显示股道冲突、显示当前时间线、展开。

图 3−10 视图菜单按钮

视图菜单中每种按钮的功能如下。

（1）刷新屏幕按钮。

刷新屏幕按钮用于刷新画布计划的显示。

（2）显示车站状态按钮。

显示车站状态按钮用于打开"车站状态"窗口。

（3）显示没报点车站按钮。

显示没报点车站按钮用于打开"没报点车站"窗口。

（4）显示基本图按钮。

显示基本图按钮可在主绘图区显示基本图。

（5）显示日班计划按钮。

显示日班计划按钮可在主绘图区显示班计划。

（6）显示正晚点按钮。

显示正晚点按钮可在计划线上显示正晚点信息。

（7）显示区间运缓按钮。

显示区间运缓按钮可在计划线上显示区间运缓信息。

（8）显示冲突按钮。

显示冲突按钮可在计划线上显示计划的冲突。

（9）显示股道冲突按钮。

显示股道冲突按钮可在计划线上显示股道占用冲突。

（10）显示当前时间线按钮。

显示当前时间线按钮可在主画布上显示时间线。

（11）展开按钮。

展开按钮用于展开指定车站。

7）查看菜单

如图 3-11 所示，查看菜单包括 2 个按钮：工具栏、任务栏。

图 3-11　查看菜单按钮

查看菜单中每种按钮的功能如下。

（1）工具栏按钮。

工具栏按钮用于显示工具栏。

（2）任务栏按钮。

任务栏按钮用于显示任务栏。

8）帮助菜单

如图 3 - 12 所示，帮助菜单包括 1 个按钮：关于。

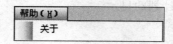

图 3 - 12　帮助菜单按钮

关于按钮用于显示关于本系统的相关信息。

2. 工具栏菜单

如图 3 - 13 所示，工具栏菜单包括 10 个按钮：生成图定计划、生成班计划、图标注释、摘挂注释、区间封锁、区间慢行、电网维护、电话闭塞、调度命令、刷新。

图 3 - 13　工具栏菜单按钮

工具栏菜单中每种按钮的功能如下。

（1）生成图定计划按钮。

生成图定计划按钮用于打开"生成图定计划线"窗口。

（2）生成班计划按钮。

生成班计划按钮用于载入本班计划。

（3）图标注释按钮。

图标注释按钮用于绘制图标注释符号。

（4）摘挂注释按钮。

摘挂注释按钮用于绘制摘挂注释符号。

（5）区间封锁按钮。

区间封锁按钮用于绘制区间封锁符合。

（6）区间慢行按钮。

区间慢行按钮用于绘制区间慢行符号。

（7）电网维护按钮。

电网维护按钮用于绘制电网维护符号。

（8）电话闭塞按钮。

电话闭塞按钮用于绘制电话闭塞符号。

（9）调度命令按钮。

调度命令按钮可打开"调度命令管理"窗口。

（10）刷新按钮。

刷新按钮用于刷新主画布计划线和符号的显示。

3. 其他菜单

其他菜单包括 4 个按钮：状态栏按钮（见图 3 – 14）、时间窗按钮（见图 3 – 15）、标尺栏按钮（见图 3 – 16）、主画布。

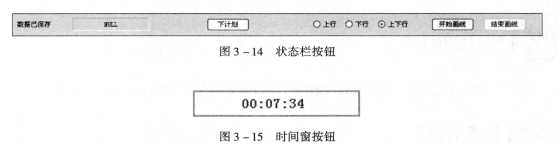

图 3 – 14　状态栏按钮

图 3 – 15　时间窗按钮

图 3 – 16　标尺栏按钮

其他菜单中每种按钮的功能如下。

（1）状态栏按钮。

状态栏按钮有两个子按钮，可用于下达计划和绘线。

（2）时间窗按钮。

时间窗按钮用于显示当前系统的模拟时间，此时间可以根据运行需要更改。

（3）标尺栏按钮。

标尺栏按钮用于表示时间刻度。

（4）主画布按钮。

主画布按钮用于显示主画布（所有的绘制操作都在此区域进行）。

【任务实施】

1. 组织形式

学生自主学习基础性知识，并分组讨论行车调度台系统界面，学生进行相关技能展示，教师进行评价。

2. 设备准备

开启铁道实训设备，开启 CTC 行车调度台信号系统，确保沙盘信号系统正常。

3. 学习方法

（1）学习、讨论行车调度台系统各部分的组成和功能，教师指导、学生讨论、组间互评。

（2）教师提出问题，各小组进行测试，要求学生快速地完成操作。

任务二　操作行车调度台系统完成基本调度工作

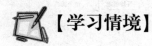

【学习情境】

在实训室内进行理论与实践一体化教学，同时利用沙盘、多媒体手段进行辅助教学。

【任务描述】

（1）掌握列车交接班制度。

（2）掌握初始化系统、查找列车、设置列车运行时间等的基本操作方法。

（3）掌握绘制区间慢行、区间封锁等的方法。

【知识准备】

一、列车交接班制度

（一）行车人员交接班时间、地点的规定

1. 时间规定

行车人员交接班时间为早 8:00、晚 20:00。3:00 为车站值班员、助理值班员、操作助理在前、后夜交接班的时间。

2. 地点规定

（1）车站值班员、操作助理在信号楼交接班。

（2）助理值班员在助理室交接班。

（3）货运员在货运室交接班。

（4）调车组人员在调车室交接班。

助理值班员、货运员、调车组人员交接班时可根据作业情况进行现场交接班。

（二）班前点名会的有关规定

（1）全体接班人员必须按时参加班前点名会，车站值班员应提前 30 min 到达信号楼，了解班计划、本班工作重点及有关命令指示，交接班时，全体员工按时到站，按照规定着装，列队点名。

班前会的程序为：①点名考勤；②传达文电和上级指示；③传达班计划；④根据天、地、

人、车、物等情况组织接班人员进行班前安全预想、危险源辨识；⑤规章试问；⑥站长讲话。

（2）值班站领导根据本班组车站值班员上一班班后留题内容进行班前规章试问并打分，车站值班员按规定填写记录簿。

（3）值班站领导讲话，提出安全注意事项。

（三）各工种对号交接的要求

（1）各工种对号交接要做到"五清""五不交"。

"五清"即：列车运行计划清；站内停留车位置、空重去向、防溜措施清；装卸车计划清；各种行车备品清；有关命令注意事项清。

"五不交"即：不在规定地点不交；接车时，自列车接近至列车进站停妥或通过列车整列出站前不交；发车时，自待发列车出站信号开放或交付行车凭证至列车整列出站前不交；调车作业一批未完不交；备品不清、卫生不达标不交。

（2）各工种交接班时，对行车设备进行现状检查，对工具和备品进行试验，对加封、加锁的设备与《行车设备检查登记簿》进行对照检查、核对。

（四）劳动纪律

严守劳动纪律，听从指挥，做到"八不"：不看手机、不看书刊、不闲谈打闹、不打盹睡觉、不擅离职守、不做与行车工作无关事宜、不回家吃饭、不让闲杂人员在岗位逗留。

（五）班后总结的有关要求

本班工作结束，车站值班员应组织本班人员召开班后总结会，值班站领导须参加。总结本班工作，认真分析任务、指标完成情况，认真总结安全生产、标准化作业、好人好事等情况，对于本班出现的问题，认真分析原因，并制定整改措施。进行班后留题，并按规定进行记录。

二、调度日班计划

调度日班计划是指调度日计划和班计划的总称。日计划是当日 18 时至次日 18 时的运输工作计划。日计划又分为两个班计划，当日 18 时至次日 6 时为第一班计划，次日 6 时至 18 时为第二班计划。调度日班计划由货运工作计划、列车工作计划和机车工作计划组成。货运工作计划包括：各站卸车数；各站按发货单位、品名、到站分类的装车数；重点直达列车、集装箱直达列车、企业自备直达列车和成组装车的列数、组数及车数；装卸劳力、装卸机械调配计划和篷布运用计划等。

列车工作计划包括：列车到、发及运行计划；分界站列车交接计划；管内工作车输送计划和各站配空挂运计划；快运零担列车、沿零摘挂列车和摘挂列车的装卸、甩挂作业计划；守车和专用货车的使用计划、调整计划和施工封锁计划。机车工作计划包括：各区段机车周转图；机车沿线走行公里；机车运用台数和机车日车公里；机车大、中、辅（小）、临修计划和回送计划。铁路局编制日计划的主要依据是：中国铁路总公司、铁路局下达的轮廓计划及旬计划、月度货物运输计划、技术计划、列车编组计划、列车运行图、机车周转图、运输方案、施工计划，以及站、段有关技术作业时间标准；日要车计划和物资部门的要求、预计当日 18 时各类运用车数、车站现在车数和机车分布情况，以及列车预确报等。

三、行车调度台系统日常管理操作

1. 交接班操作

选择"系统/接班"菜单，可以打开图 3 – 17 所示的界面。输入正确的用户名和口令，单击"确定"按钮完成交接班操作。如果输入的用户名和密码有误，系统会提示操作者输入的用户名和密码有误，登录失败。注意：一定要按照铁路行业规定的交接班时间进行交接班操作。

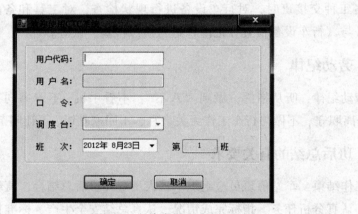

图 3 – 17　接班界面

2. 修改密码操作

选择"系统/修改密码"菜单，可以打开修改密码界面（见图 3 – 18）。修改密码功能是为值班员修改自己的登录密码而设置的。它的操作前提是值班员用正确的用户名和密码已登录系统。修改密码只能对当前登录的用户名的密码进行修改，不能修改其他用户的密码。

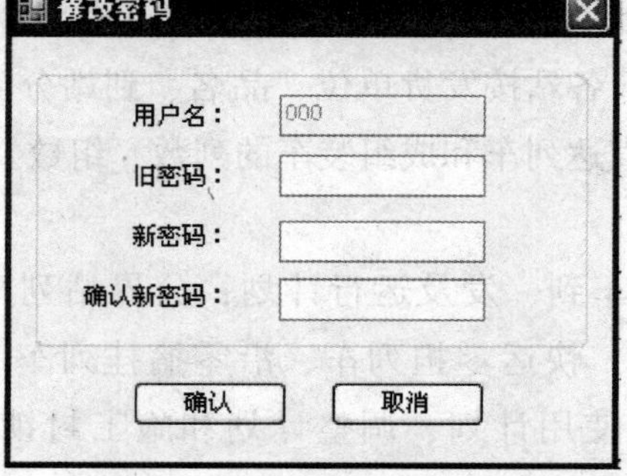

图 3 – 18　修改密码界面

3. 退出操作

选择"系统/退出"菜单或主窗口右上角的关闭按钮可以退出应用程序。注意：系统在运行过程中，如无特殊原因，建议不要随意退出系统。

四、设置系统操作

1. 隐藏和显示区间里程栏

如图 3 - 19 所示，在"系统设置"窗口的"运行图"选项卡上选择"显示区间里程"，区间里程栏将显示在主画布的左边。若取消此选项，区间里程栏会隐藏显示。

图 3 - 19　选择是否显示区间里程界面

2. 调整当前时间

如图 3 - 20 所示，如果需要调整系统当前的时间，请在"系统设置"窗口的"时间"选项卡上选择"调整当前时间"，并在下方的时间框中输入当前的时间值，确定后，系统的时间将从设置的值开始。

图 3 - 20　调整当前时间界面

3. 系统初始化

系统初始化能对整个 CTC 进行初始化设置，初始化的对象包括：行车调度台系统、自律机系统、车务终端系统、助理调度台系统。

系统初始化将执行以下操作：①同步各系统的时间；②删除遗留的接发车信息；③删除接发车计划信息和进路命令；④检查 CTC 各关键子系统的工作情况。

当初始化操作提示"完成"后，方可下达阶段计划。系统初始化界面如图 3 – 21 所示。

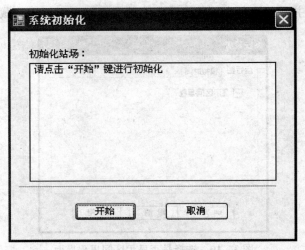

图 3 – 21　系统初始化界面

4. 查找列车

根据车次号在主画布中查找对应的计划线，系统将查找到的计划线设置为选择状态。如果未找到对应车次号的计划线，系统将提示未找到列车信息。

查找列车界面如图 3 – 22 所示。

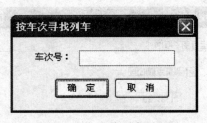

图 3 – 22　查找列车界面

5. 设置区间运行时间

根据不同区间和列车种类输入时间值，确定后，系统自动将数据保存到数据库中。注意：时间值以分钟为单位。

设置区间运行时间界面如图 3 – 23 所示。

图 3 - 23 设置区间运行时间界面

五、绘制操作

绘制各种天窗图标：在菜单栏中的"绘制"菜单项中选择对应菜单项或用鼠标左键单击工具栏中的对应图标按钮进入绘制状态。

1. 绘制区间封锁

绘制区间封锁如图 3 - 24 所示。

图 3 - 24 绘制区间封锁

2. 绘制区间慢行

绘制区间慢行如图 3 - 25 所示。

图 3 - 25 绘制区间慢行

3. 绘制电网维护

绘制电网维护如图 3 - 26 所示。

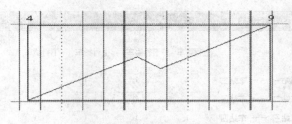

图 3 – 26　绘制电网维护

4. 绘制电话闭塞

绘制电话闭塞如图 3 – 27 所示。

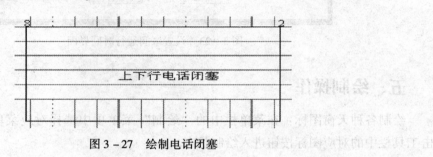

图 3 – 27　绘制电话闭塞

5. 绘制车站慢行

绘制车站慢行如图 3 – 28 所示。

图 3 – 28　绘制车站慢行

6. 绘制图表注释

绘制图表注释如图 3 – 29 所示。

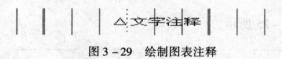

图 3 – 29　绘制图表注释

7. 绘制摘挂注释

绘制摘挂注释如图 2 – 30 所示。

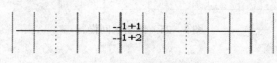

图 3 – 30　绘制摘挂注释

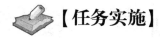 **【任务实施】**

1. 组织形式

学生自主学习基础性知识，分组讨论行车调度台绘制工作技巧，学生进行相关技能展示，教师进行点评。

2. 设备准备

开启铁道实训设备，开启 CTC 行车调度台信号系统，确保沙盘信号系统正常。

3. 学习方法

（1）学习、讨论如何操作行车调度台系统完成基本调度工作，教师指导、学生讨论、组间互评。

（2）教师提出问题，各小组同时进行测试，要求学生快速地完成操作。

【知识链接】

天津站的列车调度员

"这是一列火车，通过与计算机联网的轨道电路系统，我们能随时监控其运行情况。"天津站调度员倪亚林用手指着屏幕上一段缓慢移动的红色线段说，"通过车机联控系统，我们能获知列车编号、类型等详细信息，再通过调整信号灯控制其正点进出天津站。"像这样全神贯注地工作，倪亚林每次值班都要连续坚持 12 个小时，春运期间甚至达到 15 个小时。他告诉我们，一个制定好的铁路运行图不到万不得已是不能轻易调整的，因为牵一发而动全身。如果列车实在有紧急情况必须改变行车计划，调度员必须在最大限度减少对运行秩序干扰的前提下，在短时间内作出准确的命令，以免影响大多数车辆的正常运行和到发。

"天津站的'普速场'包括动车组、特快、快速、普速，如果算上节日期间大量增加的临客，每 12 小时要接发 80 列客车，加上 30 列货车，共计 110 列，几乎每 6 分钟就接发一列。"倪亚林说，由于进出站车次较密，为避免夜间发生状况，他们值夜班时甚至不敢多喝水，以免上卫生间。值白班时，调度员也都是坐在工作台前吃送来的盒饭，不敢离开半步。十几个小时下来，大家的眼睛里常常布满血丝。

在处理好车头换挂、协调客运等事务以保证正点接发列车之余，倪亚林还要时刻准备应对各种突发情况。比如，有一个冬天的深夜，一趟 K55 次（哈尔滨—上海）列车驶过唐山站后，车上一位中年妇女突发心脏病，需要紧急送医院治疗。接到报告后，倪亚林一边忙着通知车站联系救护车，一边紧急部署，将列车原本停靠的 16 道改为 18 道，停靠 1 号站台，以便 120 救护车能直接进站接走病人。

任务三　认知列车运行计划

【学习情境】

在实训室内进行理论与实践一体化教学，同时利用沙盘、多媒体手段进行辅助教学。

【任务描述】

（1）了解列车运行组织的定义。
（2）了解列车运行组织和控制系统的发展历程。
（3）掌握列车运行图的特点。

【知识准备】

一、列车运行组织的基本概念

铁路是国民经济的大动脉，是联系社会生产、分配、交换、消费的纽带，必须保证运输生产系统运行秩序正常、旅客生命财产平安无险、货物和运输设备完好无损，这些都是建立在科学、合理的列车运行组织之上的。

列车运行组织是铁路运输生产组织最核心的组成部分，是综合运用各种运输技术、设备去组织、协调运输生产活动的业务。它通过采用先进的行车方式和组织方法，密切铁路内部各专业部门和铁路外部各企业单位间的联劳协作，建立正常稳定的运输生产秩序，充分发挥各种运输技术设备的效能，以保证安全、正点、优质、高效地完成客货运输任务。

铁路运输生产是围绕列车进行的，凡与列车运行、机车和车列移动有关的各项作业和工作都属于行车组织的范围。具体来说，行车组织工作的主要内容有：列车出发、到达的技术作业，车列编组、解体和车辆取送、摘挂等调车作业，车流组织工作，列车运行图编制和线路通过能力的加强，月度机车车辆运用计划和日常运输计划的编制及日常运输生产的调度指挥等。

二、国外列车运行组织和控制系统的发展

自十九世纪铁路诞生以来，如何保障铁路运输安全就一直是铁路运输业面临的主要课题。1841 年，英国人申请闭塞电报机专利，并在 1851 年应用于英国铁路，之后电话、路牌、路签构成的闭塞系统逐渐发展起来。十九世纪末，随着采用钢轨作为导体来传递电信号

的轨道电路的出现，铁路区间行车控制进入了基于轨道电路的列车运行控制时代。

二十世纪六十年代以来，随着公众对铁路安全关注度的不断提升、运输组织模式的日趋复杂、列车运行速度的持续提高，铁路运输安全保障技术也进入了新的发展阶段。由于列车安全控制与各国的地理环境、经济发展阶段、人口分布、社会管理体制存在着密切的联系，因此，各国都开发了具有本国特色的列车运行控制系统（简称列控系统）。在技术上具有代表性并已推广应用的列控系统主要包括：法国的 U/T 系统、德国的 LZB 系统、日本的 ATC 系统及我国的 LKJ 系列列控系统。

由于各国基本国情和运输组织特点的差异，不同的列控系统无法在处于不同发展阶段的国家之间简单套用。

三、我国列车运行组织和控制系统的发展

我国列车运行控制技术的发展历经起步阶段、初步发展阶段、逐步成熟阶段，目前已经进入了规范发展阶段。

1. 起步阶段

二十世纪八十年代，我国铁路列车运行控制主要是通过地面信号向司机提供视觉信号来实现。由于地形和气候条件的影响，司机往往不能在规定的距离内及时瞭望到前方信号机的显示，存在着冒进信号的危险，因此，我国研发、推广了自动停车装置，在地面停车信号未被司机及时响应的情况下，就强迫列车自动停车。

由于自动停车装置设计简陋、控制模式简单、功能单一，虽然对防止事故的发生起到了一定作用，但是在使用、管理和设备质量上存在诸多不足，远远不能适应我国复杂铁路运输环境下的运用要求。

2. 初步发展阶段

二十世纪八十年代，我国在郑武线电气化工程中引进了法国 TVM 系统，但是受到我国既有闭塞制式的复杂多样性的基本国情限制，该系统在我国铁路运输实际运用中的安全保障效果并不理想。二十世纪八十年代后期，我国开始致力于立足基本国情、适应我国铁路运输和管理体制特点的列控系统的研究。

二十世纪九十年代初，全国多个铁路局开始组织开发车载列车运行控制装置，有 7 种型号的车载装置试验运行。由于大部分装置功能不一、结构不同、操作方法各异、不能纳入标准化的管理、不适应机车轮乘，虽然具有一定的安全防护作用，但是给全路的统一管理造成困难，无法实现全路推广。在此背景下，JK－2H 型列车运行监控记录装置以其特有的车载线路数据预存储方式、较高的安全性、契合我国铁路管理体制等特点，扭转了长期以来铁路运营安全管理的被动局面、产生了较好的安全效益，在各种列控装置中使用数量最多，并最终实现了在全路推广，成为我国第一代 LKJ 系列列控设备。

在 JK－2H 型列车运行监控记录装置全路推广的基础上，多方参与联合研制的 LKJ－93 型列车运行监控记录装置于 1995 年通过了铁道部组织的技术鉴定，在全路大规模推广。与

JK – 2H 型列车运行监控记录装置相比，LKJ – 93 型列车运行监控记录装置在安全性、技术规范、系统可扩展性、控制功能、控制精度等方面均有本质性的提升。

LKJ 系列列车运行控制系统的出现，有效地减少了铁路行车事故的发生。"九五"期间，LKJ – 93 型列车运行监控记录装置实现了普及，铁路行车重大事故发生率和险性事故发生率比尚未大量使用 LKJ – 93 型列车运行监控记录装置的"八五"期间分别下降 32.4% 和 63.5%；列车冒进信号险性事故，"九五"期间比"八五"期间下降了 87.2%。

LKJ 系列列车运行控制系统为保障我国铁路行车安全做出了重要贡献。

3. 逐步成熟阶段

二十一世纪初，LKJ 系列列车运行控制系统确立了在我国铁路安全领域的重要地位。

到"九五"末期，我国研制的 LSK 系统、LCF 系统及引进的法国 TVM 系统都陆续投入试运营。由于这些系统不能完全适应当时的铁路线路设施设备条件及运输组织要求，因此都未能实现推广。LKJ 系统在我国铁路列车运行控制实际运用中的作用更加突出。

2000 年年底，LKJ – 93 型列车运行监控记录装置的升级产品——LKJ2000 型列车运行监控记录装置完成了研制工作。以控制模式、车载数据和可扩展结构等核心技术作支撑的 LKJ2000 型列车运行监控记录装置具有防止列车冒进信号、防止列车运行超速、辅助司机提高操纵能力等功能，其控制精度高、对铁路运输效率干扰少、产品适用线路条件广、扩展完善能力强、技术成熟稳定及产品性价比高等优点受到铁路主管部门的高度认可，并于 2004 年开始大规模推广应用。

在全路推广应用过程中，LKJ2000 型列车运行监控记录装置的功能不断根据我国经济发展水平和铁路发展阶段进行完善、优化，并且与众多其他车载设备的发展相契合，成为我国铁路机车设备安全信息化的基础，同时，铁路管理部门构建了较为完备的 LKJ 专业管理体系。LKJ 系列列控系统在我国铁路列车运行安全车载控制系统领域的重要地位逐步形成。

目前，LKJ2000 型列车运行监控记录装置已经覆盖全路所有机车及时速 200 公里速度级别动车组，实现了在我国不同设备设施条件和不同控制需求线路的广泛运用，为保障我国铁路运输组织安全、提升铁路安全信息化水平作出了突出的贡献。

4. 规范发展阶段

建立系列化、标准化的中国列车运行控制体系是我国列控技术发展的方向。

为了适应我国铁路行车安全保障技术深化发展的需要，2003 年 10 月，在铁道部主持下，我国制定了《中国列车控制系统（CTCS）技术规范总则（暂行)》，为我国列车运行控制技术的自主发展建立了一套基于我国国情的标准。

四、列车运行图概述

铁路线上，一趟趟列车往来如梭，准时到站、会让、发车，井井有条。是什么把铁路各部门有效地组织起来的呢？是铁路列车运行图。

铁路列车运行图（以下简称列车运行图）是表示列车在铁路区间运行及在车站到发或

通过时刻的技术文件，是全路组织列车运行的基础。

列车运行图规定各车次列车占用区间的顺序，列车在每个车站的到达和出发（或通过）时刻，列车在区间的运行时间，列车在车站的停站时间及机车交路、列车重量和长度等。其是列车运行时刻表的图解，规定各次列车按一定的时刻在区间内运行及在车站到、发和通过。列车运行图是列车运行的时间与空间关系的图解，它是表示列车在各区间运行及在各车站停车或通过状态的二维线条图。

列车运行图是运用坐标原理描述列车运行时间、空间关系，表示列车在铁路各区间运行时间及在各车站停车和通过时间的线条图。横坐标表示时间，纵坐标表示各分界点（车站），如甲、乙、丙、丁。斜线表示列车，斜线上的数字表示车次。列车运行图按时间坐标，根据不同用途，可分为 2 分格运行图（即垂直线每格表示 2 分钟）、10 分格运行图、小时格运行图。按列车运行图的特点可分为平行运行图和非平行运行图，以及单线运行图、双线运行图、单双线运行图，成对运行图和不成对运行图，连发运行图和追踪运行图。

列车运行图是根据国民经济发展的需要和铁路运输能力的情况而编制的。它体现着铁路工作的各种质量指标和数量指标。在编制运行图时要充分考虑人民铁路为人民的方针，如安排列车运行线时，首先考虑旅客列车，并尽量安排开往大城市的客车在白天到达，在下午或夜间发车。与此同时，安排好货运列车的运行线。

列车运行图规定了列车占用区间的次序，列车在每一个车站出发、到达或通过的时间，在区间的运行时分，在车站的停车时分及列车的重量和长度等。这样一来，列车运行图也就规定了铁路线路、站场、机车、车辆和通信信号等设备的运用和与行车有关各部门的工作。列车运行图是铁路运输工作的综合计划、铁路行车组织的基础，是协调铁路各部门、单位按一定程序进行生产活动的工具。

五、列车运行图的绘制

1. 列车运行图基本坐标

列车运行图是用以表示列车在铁路区间运行及在车站到发或通过时刻的技术文件。列车运行图相关元素的含义如下。

横坐标：表示时间变量，按要求用一定的比例进行时间划分。

纵坐标：表示车站距离变量，按区间实际里程比率或按区间运行时分比率来确定。

水平线：是一簇平行的不等分线，表示各个车站中心线所在的位置。

垂直线：是一簇平行的等分线，表示时间等分段。

斜线：列车运行轨迹（径路）线，一般上斜线表示上行列车，下斜线表示下行列车。每个列车有不同的车号与车次。

标注：列车运行线与车站的交点即表示该列车到达、出发或通过的时刻。表示时刻的数字或符号，都填写在列车运行线与横线相交的钝角处。

2. 不同种类列车的表示方法

（1）旅客列车（包括行邮专列）：红单线（见图 3 – 31）。

图 3 – 31   红单线

（2）快运货物、直达列车：蓝单线（见图 3 – 32）。

图 3 – 32   蓝单线

（3）直通、区段、小运转列车：黑单线（见图 3 – 33）。

图 3 – 33   黑单线

（4）摘挂列车：黑单线加黑 " + " " | "（见图 3 – 34）。

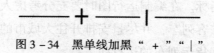

图 3 – 34   黑单线加黑 " + " " | "

3. 列车时刻的表示记号

如图 3 – 35 所示，列车运行线与车站的交点即表示该列车到达、出发或通过的时刻，表示时刻的数字或符号，都填写在列车运行线与横线相交的钝角处。

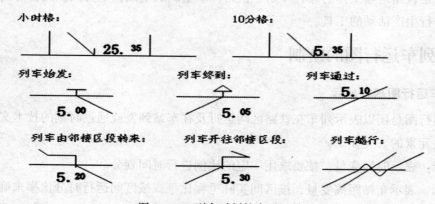

图 3 – 35   列车时刻的表示记号

列车运行图与时刻表的对应关系如图 3 – 36 所示。

4. 列车运行图的格式

1）二分格运行图

二分格运行图主要在编制新运行图时做草图使用。

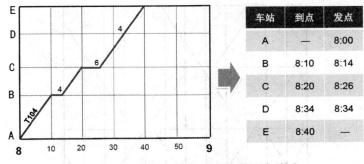

图 3 - 36　列车运行图与时刻表的对应关系

2）小时格运行图

小时格运行图主要在编制旅客列车方案图和机车周转图时使用。

3）十分格运行图

十分格运行图主要用于调度员绘制实际运行图。在这种运行图上，横轴以 10 分钟为单位用细线划分，半小时用断线、整小时用粗线。列车到发时刻只填写 10 分钟以下的数字。

5. 列车运行图的分类

1）按时间线间隔的大小分类

列车运行图按时间线间隔的大小分为一分格运行图、二分格运行图、十分格运行图、小时格运行图。

十分格运行图与二分格运行图如图 3 - 37 所示。

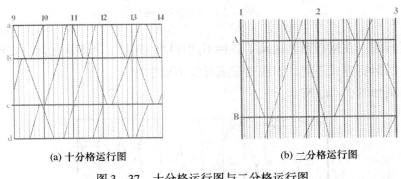

(a) 十分格运行图　　　　　　　　　(b) 二分格运行图

图 3 - 37　十分格运行图与二分格运行图

2）按区间正线数

列车运行图按区间正线数分为单线运行图（见图 3 - 38）、双线运行图（见图 3 - 39）、单双线运行图。

3）按列车运行速度

列车运行图按列车运行速度分为平行运行图、非平行运行图。

平行运行图：在统一区间内，在同一方向列车的运行速度相同，且列车在区间两端站的到、发或通过的运行方式相同，因而列车运行线平行。

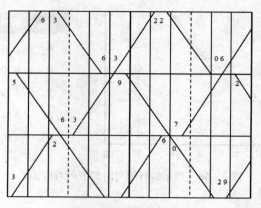

图 3-38　单线运行图

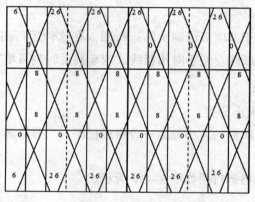

图 3-39　双线运行图

非平行运行图：在运行图上铺画了各种不同速度的列车，列车在区间且在区间两端站的到、发或通过的运行方式不同，因而列车运行线不相平行。

平行运行图如图 3-40 所示。

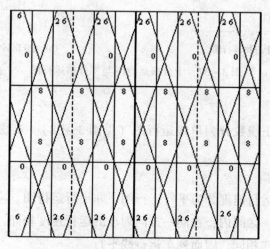

图 3-40　平行运行图

非平行运行图如图 3 - 41 所示。

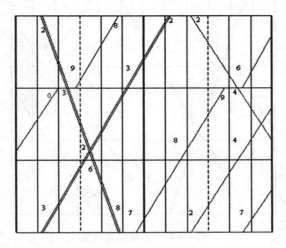

图 3 - 41　非平行运行图

4）按上下行方向列车数

列车运行图按上下行方向列车数量分为成对运行图、不成对运行图。

成对运行图是上下行方向列车数相等的列车运行图。

不成对运行图是上下行方向列车数不相等的列车运行图。

成对运行图如图 3 - 42 所示。

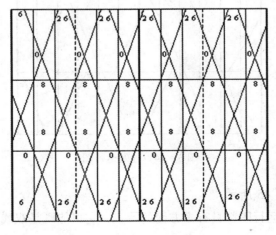

图 3 - 42　成对运行图

不成对运行图如图 3 - 43 所示。

5）按同方向列车运行方式

列车运行图按同方向列车运行方式分为连发运行图、追踪运行图。

在连发运行图上，同方向列车的运行以站间区间为间隔，单线区段采用这种运行图时，在连发的一组列车之间不能铺画对向列车。

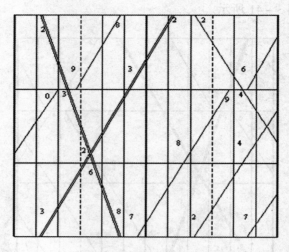

图 3 – 43   不成对运行图

在追踪运行图上，同方向列车的运行以闭塞分区为间隔，其在装有自动闭塞的单线或双线区段上采用。

连发运行图如图 3 – 44 所示。

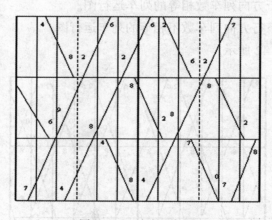

图 3 – 44   连发运行图

追踪运行图如图 3 – 45 所示。

实际上，每张列车运行图都具有多方面的特点，它可能既是双线的、非平行的，又是追踪的。

【课堂提问】

根据图 3 – 46，回答以下问题。

1. 试写出图中所有列车的时刻表。

2. 说出各次列车的运行方向。

3. T104 与 D208 次列车在 B 至 C 区间的运行时分各是多少？

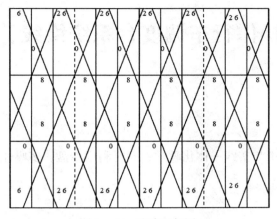

图 3 – 45　追踪运行图

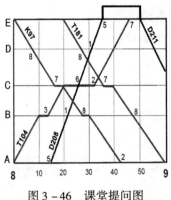

图 3 – 46　课堂提问图

4. T104 次列车在 C 站的停站时间是多少？为什么要停这么长时间？

5. D208 次列车在 E 点的折返停留时间是多少？该车底后面接续的列车是什么？

【任务实施】

1. 组织形式

学生自主学习列车运行计划知识，分组讨论列车运行组织的特点，能够手绘列车运行图。学生进行相关技能展示，教师进行点评。

2. 设备准备

开启铁道实训设备，开启 CTC 行车调度台信号系统，确保沙盘信号系统正常。

3. 学习方法

（1）学习、讨论列车运行计划知识，教师指导、学生讨论、组间互评。

（2）教师提出问题，各小组进行测试，要求学生快速地完成操作。

任务四 操作行车调度台系统绘线、生成计划

【学习情境】

在实训室内进行理论与实践一体化教学，同时利用沙盘、多媒体手段进行辅助教学。

【任务描述】

（1）了解绘线基本步骤。

（2）掌握生成图定计划等基本操作的方法。

（3）掌握列车运行线、车站计划等的名词含义。

【知识准备】

一、生成图定天窗

选择"绘制/生成图定天窗"菜单，系统将自动从数据库中查询预定义天窗图标，并绘制在主画布中的对应位置。

二、保存天窗数据

绘制并修改好天窗信息之后，可以将天窗信息保存到数据库中，替换已有的图定天窗数据。这里需要注意的是，旧数据将被保存的新数据替换。

具体的操作方法为：选择执行菜单栏上的"阶段计划/保存计划/保存图定天窗"菜单，此时，将弹出图 3 – 47 所示的操作口令界面。

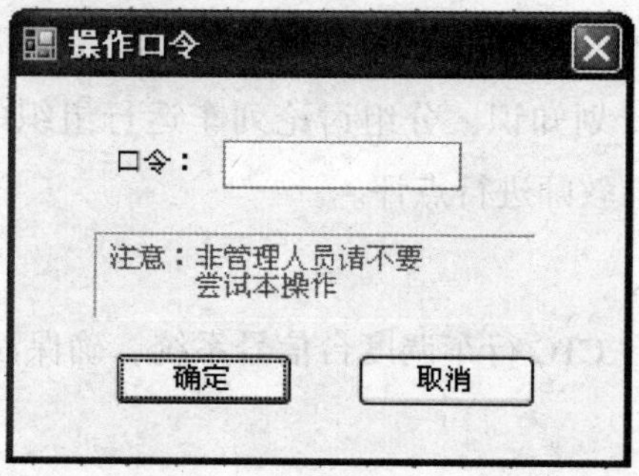

图 3 – 47 操作口令界面

在认证窗口中，输入模拟口令"000"，系统会将整个窗口中的天窗视图保存到数据库中。

三、生成图定计划

选择"绘制/生成图定计划"菜单，打开图4-48所示的生成图定计划线界面。

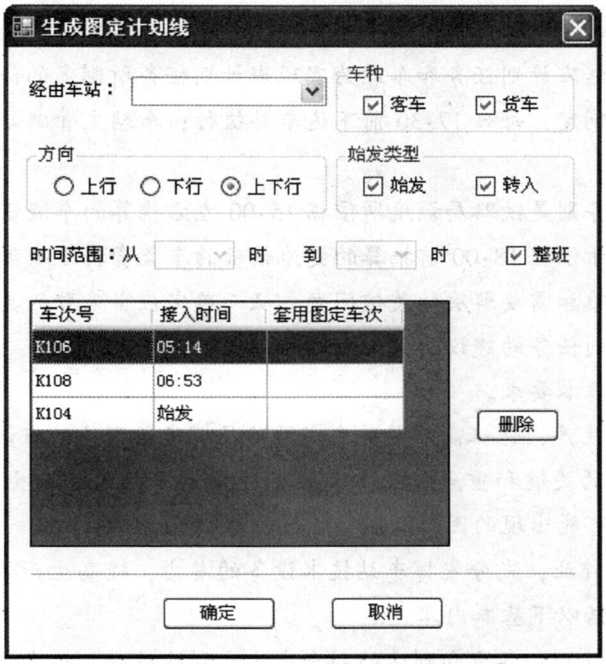

图3-48 生成图定计划线界面

窗口打开时，将自动从基本行车计划图中检索计划线。同时也可以根据手动筛选的条件（如经由车站、车种、行驶方向、始发类型、时间范围等）进行过滤。

四、生成班计划

选择"绘制/按班计划生成"菜单，系统将根据当前模拟时间值自动生成当前班计划。

【知识链接】

> ### 车站计划
>
> 铁路编组站、区段站和货运站有大量车流集散，影响作业组织的因素有很多。为了能够顺利地完成铁路局调度所下达的运输任务，保证自编列车能够正点出发，必须根据计划任务、车流变化和设备运用情况，周密地制订车站作业计划，高效率地组织车站的运输生产。

车站作业计划包括日计划、班计划、阶段计划和调车作业计划。

调度所每日 17:30 前下达的车站日（班）计划包括第一班计划和第二班计划轮廓，每日 6:00 下达早 6:00 修正计划。班计划是铁路局为车站制定的班运输任务 [本班内应完成的接发列车数，装车数，卸车数和排空车数（分车种、方向别）]。车站应通过正确编制和组织实施班计划、阶段计划和调车作业计划保证班计划任务的完成。

车站班计划包括班计划任务和车站为实现班计划任务所制定的保障措施。班计划任务由铁路局调度所制定，每日 17:30 前下达车站执行；车站主管副站长或值班站长负责制定保障措施。

车站班计划任务则是铁路局调度所依据 15:00 左右推算的车流资料制定的。车站编制班计划的目的在于依据 18:00 前推算的更为精确的车流资料逐项落实计划任务，找出完成计划任务的困难和需要解决的关键问题，从而确定应当采取的具体措施，必要时向调度所提出修改计划任务的建议，保证顺利地完成计划任务。

编制班计划的基本要求。

（1）实现安全生产，保证高质量地完成铁路局调度所下达的班计划任务。

（2）确定本班的关键和重点作业，有预见地安排车站的运输生产，避免或尽快消除车站运输工作中可能出现的困难。

（3）组织均衡作业，充分发挥车站技术设备的潜力，提高生产效率。

车站班计划包括以下基本内容。

（1）列车到达计划：各方向到达的列车车次、到达时分、机车型号和编组内容。

列车到达计划如图 3-49 所示。

（2）列车出发计划：发往各方向的列车车次、出发时分、机车型号和编组内容（去向别重车数、车种别空车数），以及车流来源（包括车次接续关系和本站作业车挂运计划）。

（3）卸车计划：全站卸车数，各作业地点车种别卸车数及卸后空车用途。

（4）装车计划；全站装车数、品类、车种、去向别装车数、配空来源及挂运车次。

（5）取送作业计划：各作业地点取送时间、取送内容的轮廓安排。

（6）班工作指标：预计本班完成的列车出发正点率；各车场到解、出发列车数，无改编直通列数；各货物作业地点的装、卸车数；计划扣修车数，站修、段修和厂修修竣车数；货车备用及解除计划。

（7）工务、电务、水电、供电施工计划。

（8）其他重点任务和上级指示。

2018年3月25日18:00至2018年3月26日6:00

列车到达计划																				
方向别	车次	到达时分	重车									空车						合计	
			P及以远	A及以远	a及以远	上行摘挂	B及以远	b2及以远	b1及以远	下行摘挂	待卸车	P	C	N	G	B	其他	作业车	中转车
上行	22014	18:56	5		22	13													40
	32002	19:21		25	3	9					C2N1							3	37
	22002	20:30		15	16	4					P2C3							5	35
	32004	21:46	6	13	10	9					P1C1							2	38
	22004	22:33	13	4	9	12					C2							2	38
	22016	0:26	17	16	2	3					C2							2	38
	42002	2:28	12	11	12	4													39
	22006	3:35	10	18	3	4					P2C3							5	35
	合计		63	102	77	58					P5C13N1							19	300

图 3－49　列车到达计划

五、手动添加和修改列车运行线

1. 添加列车运行线

首先确定需要添加的列车的基本属性，例如，列车车次号、列车种类、列车始发站、终点站等属性信息。

确定了上述信息之后，可以通过选择执行菜单中的“绘制/手工绘线”菜单或任务栏上的“开始画线”按钮进入手工绘线状态。

在打开的添加运行线窗口（见图 3－50）中设置运行线的基本信息，如果列车是从本调度管辖车站内始发则选择“始发”选项，如果列车是从相邻调度区段发过来的则选择“接入”选项。

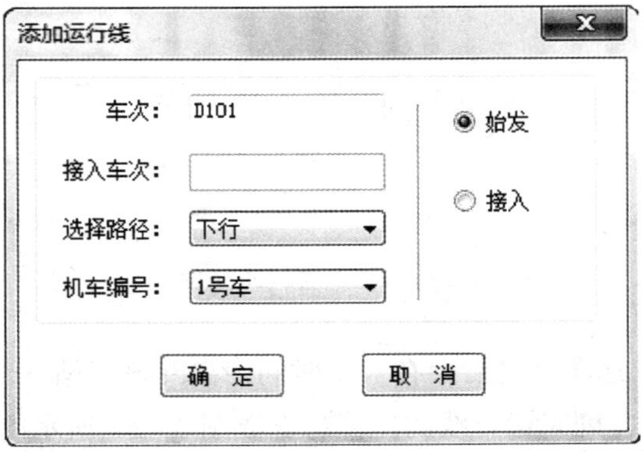

图 3－50　添加运行线窗口

　　在始发状态下，接入车次输入框的输入是关闭的，需要输入正确的车次号、选择列车的运行方向（上行或者下行，如果选择的是自由画线，系统将自动根据车次号判断运行方向）、机车编号（机车号）；如果选择的是"接入"选项，则系统要求输入接入列车的车次，其他项与始发状态下的输入是相同的。

　　单击"确定"按钮，则"添加运行线"的窗口关闭，系统光标会变成"+"，确定列车的始发车站是哪一个车站，单击红色标记部分，再单击对应的股道，展开始发车站的股道（见图 3-51）。

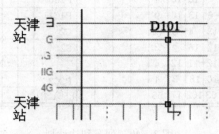

图 3-51　始发车站的股道

　　依次在每一个车站的股道上单击鼠标左键；到终点站之后需要结束画线，通过选择菜单上的"绘制/结束绘线"菜单或任务栏上的"结束画线"按钮打开结束画线窗口（见图 3-52）。

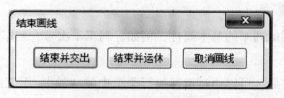

图 3-52　结束画线窗口

　　单击"结束并交出"，列车运行线的尾部将变成图 3-53 所示的形式。

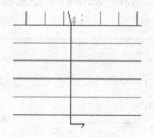

图 3-53　列车运行线的尾部 1

　　此线表示该列车在到达车站之后会在一定时间内离开该车站。
　　单击"结束并运休"，列车运行线的尾部将变成图 3-54 所示的形式。
　　该线表示列车到达的车站为终点站，不会继续向下一个车站发车。
　　单击"取消画线"，将会取消本次绘制的列车运行线。

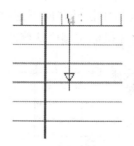

图 3 – 54 列车运行线的尾部 2

2. 修改列车运行线

系统允许对绘制的运行线（实际运行线除外）进行修改。

1）移动整条运行线

将光标移动到运行线附近，单击运行线将运行线选中，选中的运行线如图 3 – 55 所示。

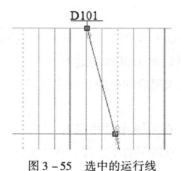

图 3 – 55 选中的运行线

将光标定位在运行线的上面，待光标变成 形状时，单击鼠标左键不放并左右移动鼠标，便可以使整条运行线跟随鼠标移动。

2）移动修改接发车轨道

显示车站轨道，如胜利站 IG 和 IIG 为正线，3G 和 4G 为到发线，图 3 – 56 显示列车进 3G 停车。

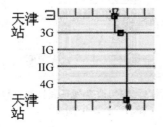

图 3 – 56 列车进 3G 停车

如图 3 – 57 所示，如需修改到 4G 停车，可以将光标定位到 3G 上的小方块，待鼠标光标变成一个上下箭头时，单击鼠标左键不松开并向下拖动鼠标到 4G 的位置，小方块会跟随鼠标光标到达 4G 的位置上，此时松开鼠标左键确认修改。

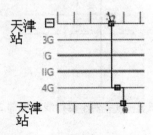

图 3 – 57 列车进 4G 停车

3）移动修改进站时间点

鼠标移动到进站方向上方的小方块上（图 3 – 57 中 3 个小方块中最上方的那个小方块），鼠标光标会变成"+"字形状，然后单击鼠标左键不松开，水平移动鼠标可以修改进站时间点，移动时该运行线随后的时间点都将跟随移动。

4）修改停站时间

鼠标移动到出站方向的小方块上（图 3 – 57 中 3 个小方块中的最下方的那个小方块），鼠标光标变成"+"字形状，然后单击鼠标左键不松开，水平移动鼠标可以修改列车在轨道上的停留时间，移动时该运行线随后的时间点都将跟随移动。

5）修改列车属性

在运行线上单击鼠标右键，在右键菜单中选择"列车属性"菜单，如图 3 – 58 所示，打开改变列车属性对话框可以修改列车的车次号、在当前车站的接发车轨道、列车车种和机车编号信息。

图 3 – 58 改变列车属性对话框

6）裁断画线（继续画线）

在选择的运行线上单击鼠标右键，在右键菜单中选择"继续画线"菜单，该运行线将从选择车站开始裁断该运行线后面的线段，可以通过鼠标重新绘制后面的线段。

7）布置作业车站

在选择的运行线上单击鼠标右键，在右键菜单中选择"布置作业车站"菜单，打开"布置列车作业车站"对话框。在途经车站列表框中显示的是列车经过但不停车（通过）的车站，在作业车站中显示的是列车经过车站且在车站中停车作业的车站。可以通过 ⟫ 和 ⟪ 按钮在两个列表框中进行选择，单击"确定"按钮之后，系统将根据途经车站和作业车站中定义的车站类别进行自动设置（在途经车站列表中的车站将自动设置该运行线为通过状态，在作业车站列表中的车站将自动设置该运行线为站内停车）。

8）快速修改车站到开或通过

在选择的运行线上定位到指定车站并单击鼠标右键，在右键菜单中选择"通过变到开"菜单，系统自动设置该运行线在站内停车；在右键菜单中选择"到开变通过"菜单，系统自动设置该运行线在车站通过不停车。

9）修改列车尾部类型

在选择的运行线上，将光标定位到指定车站并单击鼠标右键，在右键菜单中选择"停运"或"尾部类型/终到"菜单，系统将从该车站开始截断后面的运行线并将运行线设置在该车站上停运，该车站即终点站；选择右键菜单中的"尾部类型/交出"，系统将从该车站开始截断后面的运行线，并将运行线设置在该车站上交出列车（到发作业）。

10）修改列车头部类型

在选择的运行线上定位到指定车站并单击鼠标右键，在右键菜单中选择"头部类型/接入"菜单，系统将从该车站开始截断前面的运行线并将运行线设置在该车站上接入列车；选择右键菜单中的"头部类型/始发"，系统将从该车站开始截断前面的运行线并将运行线设置在该车站上始发列车。

3. 删除列车运行线

首先选择需要删除的运行线，选择运行线可以全选所有的运行线或用鼠标单独选择运行线。全选可以通过菜单"编辑/选择全部"或快捷键"Ctrl + A"进行选择，系统将所有的运行线标记为选择状态；单独选择可以通过移动鼠标到运行线的上方，然后单击鼠标左键，点中的运行线将被标识为选择状态。

如果要删除，可以使用"编辑/删除"菜单或使用"Delete"键操作。

六、下达计划

选择"绘制/下达计划"菜单，将打开下达阶段计划窗口（见图 3 – 59）。

在默认情况下，阶段计划的时间设置为 3 h。用户也可以根据需要，自己修改下达时间的长短。这里需要注意，调整计划的时间以小时为单位，只能设置整数值。

下达目标车站是可选的，可在目标车站名称前面的方框里选择，目标车站将会收到计划。

"同步时间"是指下达阶段计划的同时，同步车站与服务器的时间。取消选择时，在下达计划的同时将不会进行模拟时间的同步。

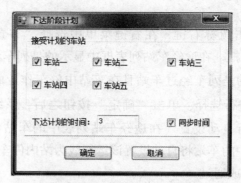

图 3 - 59　下达阶段计划窗口

七、保存计划

如图 3 - 60、图 3 - 61 所示，将绘制的计划或实际运行计划保存为基本图或班计划。
此操作只能由管理员进行操作，并设置了操作口令，一般用户没有口令不能进行操作。
操作口令输入窗口如图 3 - 62 所示。

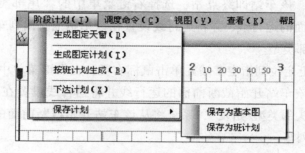

图 3 - 60　保存计划 1

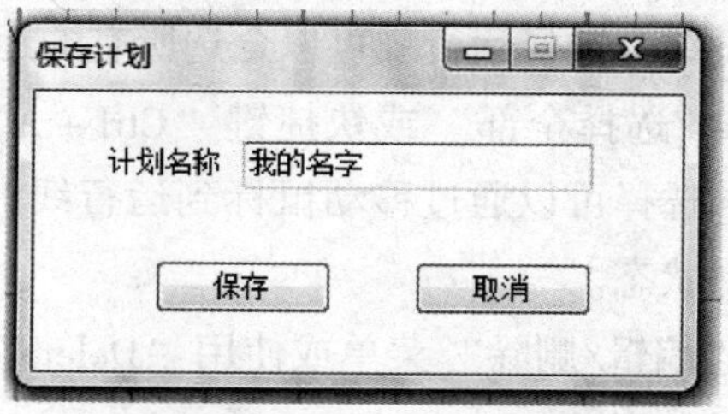

图 3 - 61　保存计划 2

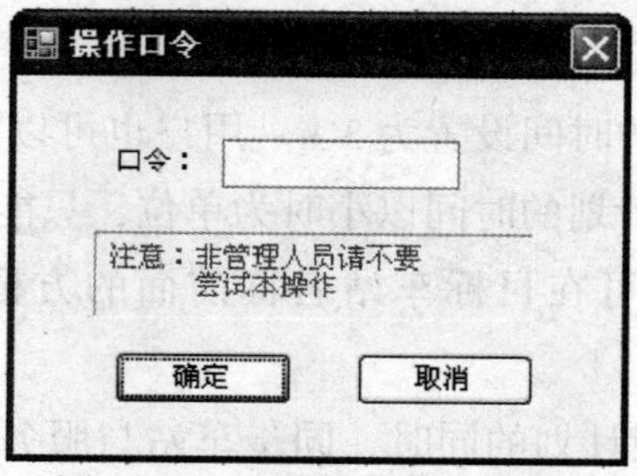

图 3 - 62　操作口令输入窗口

如图 3 – 63 所示，当输入口令不正确时，系统会提示输入口令不正确，要求重新输入。

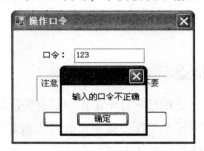

图 3 – 63　系统提示输入的口令不正确

 【任务实施】

1. 组织形式

学生学习操作行车调度台系统、生成计划知识，分组讨论行车调度台系统的操作方法，学会通过行调台系统绘制运行线、下达计划。学生进行相关技能展示，教师进行点评。

2. 设备准备

开启铁道实训设备，开启 CTC 行车调度台信号系统，确保沙盘信号系统正常。

3. 学习方法

（1）学习、讨论操作行车调度台系统绘线、生成计划，教师指导、学生讨论、组间互评。

（2）教师提出问题，各小组进行测试，要求学生快速地完成操作。

任务五　认知行车调度命令

 【学习情境】

在实训室内进行理论与实践一体化教学，同时利用沙盘，多媒体手段进行辅助教学。

 【任务描述】

（1）了解行车调度命令的定义。

（2）了解行车调度命令的作用。

（3）了解行车调度命令的特点。

【知识准备】

一、行车调度命令概念

行车调度命令是指行车调度处理日常行车工作中的有关问题，以及在非正常情况下组织指挥有关部门、单位和人员办理行车工作、指示作业方法和安全注意事项的带有约束性的以书面形式下达的指令，是行车各部门具体办理行车工作的根据，是行车调度员组织、指挥行车工作和进行安全生产的必要手段，也是考察行车调度员工作质量的依据。它体现了铁路行车工作集中领导、统一指挥的原则。各行车有关部门、单位和人员必须服从行车调度员的调度命令，严格按照调度命令的具体要求进行工作。

各级调度在组织指挥日常运输工作中对下级调度员或车站调度员，以及有关人员所发布的有关完成日常运输生产的具体部署和指挥行车工作的指令，其中必须在调度命令登记簿上登记的称为调度命令，无须登记的称为口头命令。

二、行车调度命令的相关要求

（1）指挥列车运行的命令，只能由列车调度员发布。

旅客列车的加开、停运、折返、变更径路及车辆甩挂的命令，经中国铁路总公司、铁路局客运调度分别报告给值班处长、值班主任同意并签字后，由客运调度员发布。

（2）调度命令发布前，应详细了解现场情况，听取有关人员的意见，书写命令内容、受令处所必须做到正确、完整、清晰。

（3）采用计算机发布调度命令时，必须严格遵守"一拟、二签（按规定需主管领导、值班主任签发）、三下达、四确认签收"的发布程序。受令人必须认真核对命令内容并及时签收。

（4）采用电话发布调度命令时，必须严格遵守"一拟、二签（按规定需主管领导、值班主任签发）、三发布、四复诵核对、五下达命令号码和时间"的发布程序办理。发布、接收调度命令时，应填记《调度命令登记簿》，并记录收发人员姓名及时刻。

（5）铁路局列车调度员发布行车命令，要遵守一事一令的原则，不得填写其他内容。如果遇有写错文字等特殊情况不准在原处进行涂改，应圈掉错误文字后重新进行书写。使用常用行车调度命令用语时，不能圈掉字句，不能圈掉符号。已发布的调度命令，遇有错、漏时，必须取消前发命令，重新发布新的调度命令。

（6）《常用行车调度命令用语》中未涉及的项目，铁路局确需发布行车调度命令，由铁路局制定调度命令用语。

（7）设有双线双向闭塞设备的区间且作用良好，需要连续反方向行车时，可发布一次调度命令。

（8）不准以月度施工方案代替施工调度命令。施工主管部门（单位）如果有次日施工计划，需要提前上报施工调度员。施工调度员应提前向行车有关单位发布施工计划调度命令。发布施工计划调度命令，不准夹带与受令处所无关的内容和命令。实际施工调度命令由列车调度员发布。

（9）施工封锁或开通的调度命令，列车调度员必须得到车站值班员的请求（CTC 区段无车站值班员的车站，由施工单位负责人请求）后，方可发布。

（10）发布有关线路、道岔限速的调度命令，必须注明起止里程（包括站内线别、道岔号码）及时间。发布事故救援命令、月度施工计划或施工电报涉及限速的有关线路、道岔必须注明里程。

（11）指定时间段内的维修作业，车站值班员在维修作业完毕、销记后应立即报告列车调度员，列车调度员不再发布维修作业结束恢复行车的命令。如需延长作业时间须列车调度员发布调度命令批准。

（12）跨局途中无停点旅客列车的行车命令，可由有关铁路局直接向两端铁路局机务、车务（列车）段下达。

（13）在具备良好转接设备和通信记录装置的条件下，对以下内容可使用无线调度电话向值乘司机、运转车长发布、转达调度命令，遇限速运行的调度命令，指定由进入关系区间（站）前的第二个车站值班员提示司机。

①恢复原行车闭塞法。

②设有双线双向闭塞设备的区间且作用良好，双线反方向行车。

③按规定时间延迟施工或提前结束施工。

④有计划封锁施工开通后，指定限速要求的列车。

⑤有临时限速要求的列车。

⑥临时停运列车、加开单机。

⑦旅客列车以外的列车在非到发线上接车或发车。

⑧半自动闭塞区间，超长列车头部越过出站信号机（未压上出站方面的轨道电路）发车。

⑨进站（接车进路）信号机故障的引导接车。

⑩机车信号、列车运行监控记录装置、列尾装置故障。

⑪列车由列控车载设备方式人工控车转入隔离模式。

⑫列车退出隔离模式，人工控车转换为列控车载设备控车。

⑬动车组在区间被迫停车后，准许返回后方站。

⑭特殊情况下，不能在基本进路上接发动车组。

⑮铁路局规定可以利用无线调度电话发布、转达的调度命令。

（14）为确保列车运行安全和秩序，尽量不停车交付调度命令，具备调度命令无线传送系统的，应使用该系统向值乘司机发布调度命令，受令人如果涉及运转车长的，由司机向运转车长进行转达；符合使用无线调度通信设备发布、转达调度命令的内容和条件时，应用无线调度通信设备发布、转达调度命令。不具备上述条件时，如遇本区段有停车站，列车调度员需在进入关系区间前的停车站交付调度命令；本区段无停车站，有关铁路局可委托有停车站的所在铁路局通过停车站向值乘司机和运转车长转发调度命令。委托铁路局要向受委托铁路局具体说明转发调度命令的内容和车次，受委托铁路局在时间允许的情况下，不得拒绝委托。如时间来不及时，必须在列车进入关系区间前的车站停车并交付调度命令。委托电话应具备良好的通信记录装置。

（15）在 CTCS – 2 级区段，对于动车组（时速 200 km 及以上）运行，站内正线或区间遇有限速时，列车调度员必须提前用数据格式向相关车站列控中心发布限速的调度命令。

临时产生的限速或提前发布的限速命令有变化时，应通过调度命令无线传送系统向列车发布限速的调度命令。

司机接到车站关于"列控中心故障或限速命令未正确设置"的通知后，按限速命令人工控制列车运行速度。

区间限速区长度超过 6 000 m 时，列车调度员应按区间限速下达限速命令。

限速速度分为 5 挡：45 km/h、60 km/h、80 km/h、120 km/h、160 km/h。当实际限速速度小于 45 km/h 时，列车调度员按实际限速值填写数据格式，由司机按调度命令控车。

（16）使用调度命令无线传送系统、计算机或传真机发布行车调度命令，必须认真执行确认和回执制度。

（17）遇下列情况列车调度员不发调度命令。

①自动闭塞区间，出站（发车进路）信号机故障、停用时发出列车。

②在未设出站信号机的正线、到发线上，向自动闭塞区间发出列车。

③自动闭塞区间一架通过信号机故障（站间区间仅设一架通过信号机的除外）。

④旅客列车在技术停车站临时变更通过。

三、调度命令的执行要求

行车工作必须严格执行单一指挥的原则。

列车调度员是一个调度区段行车工作的统一指挥者，有关行车人员必须执行列车调度员的命令、指示，不得违反。

（1）调度命令须列车调度员拟写，经审核后发布。

（2）调度命令号按顺序循环使用，每一个循环期间不得漏号、跳号及重号使用。

（3）命令处所为沿线各站及运转部门，填记时采用标准站名。

（4）受令人、发令人、复诵人均须填记全名。

（5）发令日期、发令时间应填记正确无误。

（6）命令内容中空缺的内容应正确填写，做到不随意涂改。如命令内容填写错误，需在错误处画横线。在上方填写正确内容并盖发令者（受令者）名章进行标注。

（7）发布调度命令后，应及时将命令表按命令号顺序装订在册，做到不遗漏、不颠倒顺序。

（8）在日常运行过程中，如无法及时将书面命令传递给司机，应适时完成命令的补交手续。

四、调度命令发布的内容

调度命令发布的内容包含命令号、受令处所、受令人、命令内容、发令日期、发令时间、发令人姓名及复诵人姓名等，需在"调度命令登记簿"中填记。列车调度员发布调度命令有以下几种情况。

（1）发布线路限速或取消限速。

（2）封锁、开通线路。

（3）列车调度员认为有必要的其他情况。

列车调度员发布口头命令有以下几种情况。

（1）临时加开或停开列车（包括客车、工程车及救援列车）。

（2）客车推进运行、退行，工程车退行。

（3）停站客车临时变通过。

（4）列车降级运行。

（5）列车救援时。

（6）列车中途清客。

（7）变更列车进路。

五、运行揭示调度命令

运行揭示调度命令是指由施工调度室编制的涉及限速、行车方式变化和设备变化的调度命令。

普通的调度命令由列车调度员发布；运行揭示调度命令由施工调度室发布。

普通的调度命令由列车调度员通过调度电话或 TDCS 等设备直接发给车站值班员（使用调度命令无线传输系统的可直接传输给司机）。

运行揭示调度命令则由施工调度室编制完毕后于施工前 1 日 12：00 前（其中 0：00 至 4：00 执行的运行揭示调度命令为前 1 日 8：00 前）发布至有关机务段、运转车长所属单位、车务段（直属站）、主管业务处，并传交列车调度员。车务段（直属站）应根据施工及车机联控要求转发给相关车站；主管业务处将其转交给施工单位。

运行揭示调度命令下达流程图如图 3 – 64 所示。

运行揭示调度命令内容应包括"时间、地点、因由、速度、行车方式变化、设备变化"六要素。

若近期计划开展相关施工，要将行车方式变化、设备变化及限制速度等要求提前向有关列车司机、运转车长及车站值班员进行通知，做好相应的准备工作，司机提前得到这些信息后，一是能做到心中有数，二是能提前将有关信息和数据输入 IC 卡，由 LKJ 或列控车载设备控制，从而能够有效地保证行车安全，有序地组织列车运行。

正常情况下，运行揭示调度命令的发布、使用流程如下。

（1）在施工前 1 天由施工调度室向有关站段发布涉及施工限速、行车方式、设备变化

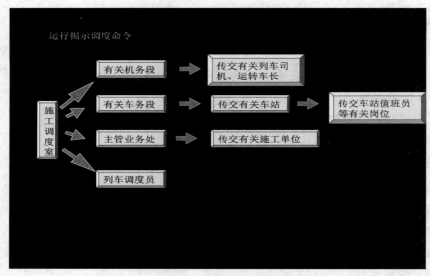

图 3 – 64   运行揭示调度命令下达流程图

的运行揭示调度命令，然后由站段传至车站、车站再传至车站值班员等有关岗位。

（2）在施工当日施工开始前再由列车调度员根据施工计划和车站值班员的施工请求发布准许施工的调度命令。

（3）施工完毕，列车调度员根据施工计划和车站值班员的请求发布施工结束的调度命令。

（4）施工需延长时，需请求和发布准许施工延时的命令。

（5）施工开通后还需对首列通过的列车发布临时限速命令。

六、普通调度命令

《铁路技术台的流程》共列举 32 项需发布行车调度命令的事项，每项内容均应单独发布一个调度命令。普通调度命令下达流程图如图 3 – 65 所示。铁路局列车调度员发布行车调度命令，要一事一令，不得发布无关内容。一事一令是指对一个独立事件发布一个命令，该独立事件包括单因素事件和多因素事件两类。单因素事件是指不与其他工作发生关联的简单事件；多因素事件是指涉及两项及两项以上工作内容，且由此及彼、因果相关、时间相连的复杂事件，可发布一个调度命令。

七、调度命令的意义

铁路运输具有高度集中、各个工作环节紧密联系、协同配合的特点。铁路是国家重要的基础设施、是国民经济的大动脉、是交通运输体系的骨干力量。铁路运输组织工作，必须贯彻安全生产、集中领导、统一指挥、逐级负责的原则。

铁路运输调度是铁路日常运输组织的指挥中枢，分别代表各级领导组织、指挥日常运输工作。铁路运输调度担负着确保运输安全、组织客货运输、保证国家重点运输、提高客货服务质量的重要责任。铁路运输调度对完成铁路运输生产经营任务，提高铁路运输企业效益起

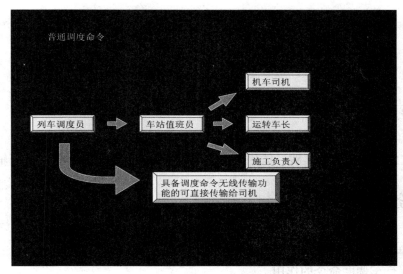

图 3 – 65　普通调度命令下达流程图

着重要作用。各级调度人员必须精心组织，科学调度指挥，努力增运增收、节支降耗。凡是与行车组织有关的日常生产活动都必须在运输调度的统一指挥下进行。

　　铁路运输调度工作，遵从分级管理、集中统一指挥的原则。中国铁路总公司设有调度指挥中心，铁路局设有调度所，技术站设有调度室。由上级下达的调度命令，下级必须无条件执行。中国铁路总公司一般下达战略性的调度命令，下达后的实际执行由铁路局自己处理。跨局列车的调度则由中国铁路总公司整体统筹，实际操作由双方铁路局协调调度。有异议时必须遵循中国铁路总公司的调度命令并无条件执行。

　　列车调度系统是铁路运输的指挥中心和控制中心，在整个行车调度中起着非常重要的作用。在铁路运输过程中，如果出现紧急情况，调度系统将首先发挥作用，向调度员发送信息，然后进行救援工作，因此，确保调度系统的安全是调度工作的基本要求，只有建立安全、可靠的调度系统，才能保证铁路运输的正常运行。

　【任务实施】

1. 组织形式

　　学生自主学习行车调度命令知识，分组讨论调度命令的下达方法，学会发布简单的调度指令。学生进行相关技能展示，教师进行点评。

2. 设备准备

　　开启铁道实训设备，开启 CTC 行车调度台信号系统，确保沙盘信号系统正常。

3. 学习方法

（1）学习、讨论调度命令的下达方法，教师指导、学生讨论、组间互评。

（2）教师提出问题，各小组进行测试，要求学生快速地完成操作。

任务六　下达行车调度命令操作

【学习情境】

在实训室内进行理论与实践一体化教学，同时利用沙盘，多媒体手段进行辅助教学。

【任务描述】

（1）学会下达行车调度命令。
（2）了解行车调度命令的作用。
（3）掌握行车调度命令的特点。

【知识准备】

一、行车调度台调度命令的管理

拟定调度命令后，需要把调度命令发送给行车调度员进行审批。行车调度员通过"调度命令/调度命令管理"菜单打开调度命令管理窗口（见图 3 – 66）。

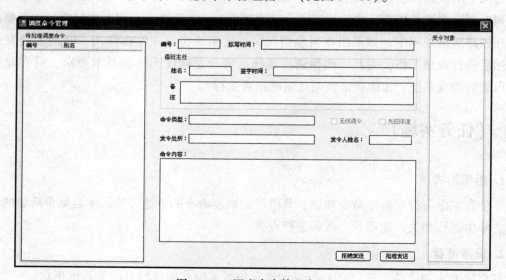

图 3 – 66　调度命令管理窗口

行车调度员可以拒绝发送调度命令，也可以批准发送调度命令。拒绝发送调度命令时，行车调度员需要填写拒绝原因。拒发原因输入窗口如图 3 – 67 所示。

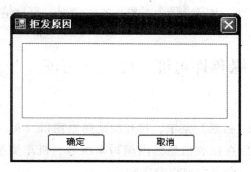

图 3 – 67　拒发原因输入窗口

拒绝发送的调度命令将返回给综合维修工作站，综合维修工作站再根据拒绝原因进行处理。

批准发送的调度命令将被直接发送到受令工作站。

二、调度命令查询

调度命令的执行状态可以通过调度命令查询功能进行跟踪查询。

调度命令查询界面如图 3 – 68 所示。

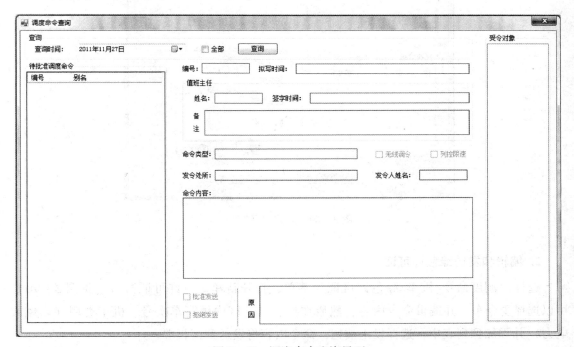

图 3 – 68　调度命令查询界面

在查询条件中输入相应的信息，选择"查询"按钮。左侧的"查询结果"列表中显示符合查询条件的调度命令。

可以通过鼠标或键盘的上、下键选择查询结果列表中的命令。在右侧后下方将显示该命令的命令号、受令人、类型、内容、受令对象、签收情况、审批情况和拒绝发送调度命令的原因等信息。

三、编辑路票、绿色许可证、红色许可证

1. 编辑和发送路票

选择"调度命令/机车/路票"菜单，打开新建路票窗口（见图 3 – 69）。可以选择受令车站并编辑命令内容，然后在接收信息区内填写车次号、机车类型（内燃或电力）并添加到列表中，选择发送按钮，命令内容将发送到接收端。

图 3 – 69   新建路票窗口

2. 编辑和发送绿色许可证

选择"调度命令/机车/绿色许可证"菜单，打开新建绿色许可证窗口（见图 3 – 70）。可以选择受令车站并编辑命令内容，然后在接收信息区内填写车次号、机车类型（内燃或电力）并添加到列表中，选择发送按钮，命令内容将发送到接收端。

3. 编辑和发送红色许可证

选择"调度命令/机车/红色许可证"菜单，打开新建红色许可证窗口（见图 3 – 71）。可以选择受令车站并编辑命令内容，然后在接收信息区内填写车次号、机车类型（内燃或电力）并添加到列表中，选择发送按钮，命令内容将发送到接收端。

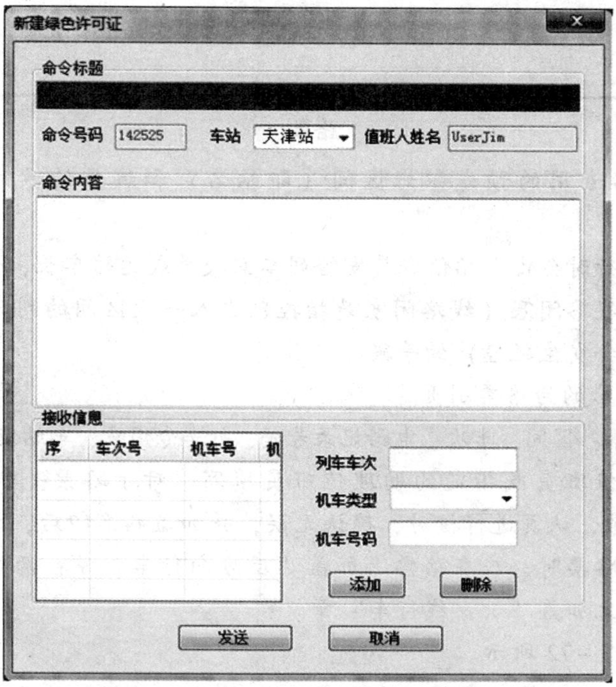

图 3 – 70　新建绿色许可证窗口

图 3 – 71　新建红色许可证窗口

【知识链接】

路票

路票是指铁路专用的预先印好区间（即站名）和编号的卡片（规格 75mm × 88mm）。

路票在列车运行时会由车站值班员发给列车驾驶员或运转车长，作为列车进入区间的凭证，其是一种线路闭塞（线路闭塞是指控制进入一段区间的列车数量及间隔以保证列车彼此之间不会发生碰撞）的手段。

加盖"副"字戳的为路票副页。

路票有六个要素：区间、车次、电话记录号码、行车专用章、车站值班员签名、时间。

路票应由车站值班员或指定的助理值班员填写。对于路票，车站值班员应根据《行车日志》的记录，认真进行核对，确认无误，并加盖站名印后，方可送交司机。双线反方向行车使用路票时，应在路票上加盖"反方向行车"章；两线、多线区间使用路票时，应在路票上加盖"××线行车"章。

路票实物如图 3-72 所示。

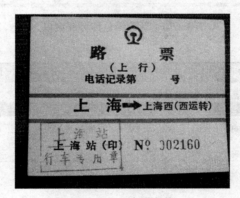

图 3-72 路票实物

路票使用注意事项如下。

（1）双线改单线行车使用路票时，不加盖"反方向行车"章。

（2）路票不得涂改。路票填写后，车站值班员、助理值班员应按规定复检，核对车次、区间、线别、号码及站名印等。

（3）填好路票后，临时变更列车车次时，应将原路票收回划"×"注销并重新办理电话记录手续，另行填发路票。

（4）采用书面方式交付路票时，接车站收到路票后，应核对电话记录号码正确后划"×"注销；采用列车无线调度通信设备交付路票时，由发车站填写路票，待列车到达后，由发车站划"×"注销。

（5）每个方向应准备不少于 50 张盖好站名印的路票，经检查后锁存于保险箱内，由车站值班员保管。

**【任务实施】**

1. 组织形式

学生自主学习下达行车调度命令的知识，分组讨论如何发布列车调度命令。学生进行相关技能展示，教师进行点评。

2. 设备准备

开启铁道实训设备，开启 CTC 行车调度台信号系统，确保沙盘信号系统正常。

3. 学习方法

（1）学习、讨论下达行车调度命令的知识，教师指导、学生讨论、组间互评。

（2）教师提出问题，各小组进行测试，要求学生快速地完成操作。

参考文献

[1] 周永华，付文秀 . CTC 系统原理与应用 . 北京：中国铁道出版社，2017.